斎藤たま

# 旅から

## 全国聞き歩き民俗誌

論創社

# 目次

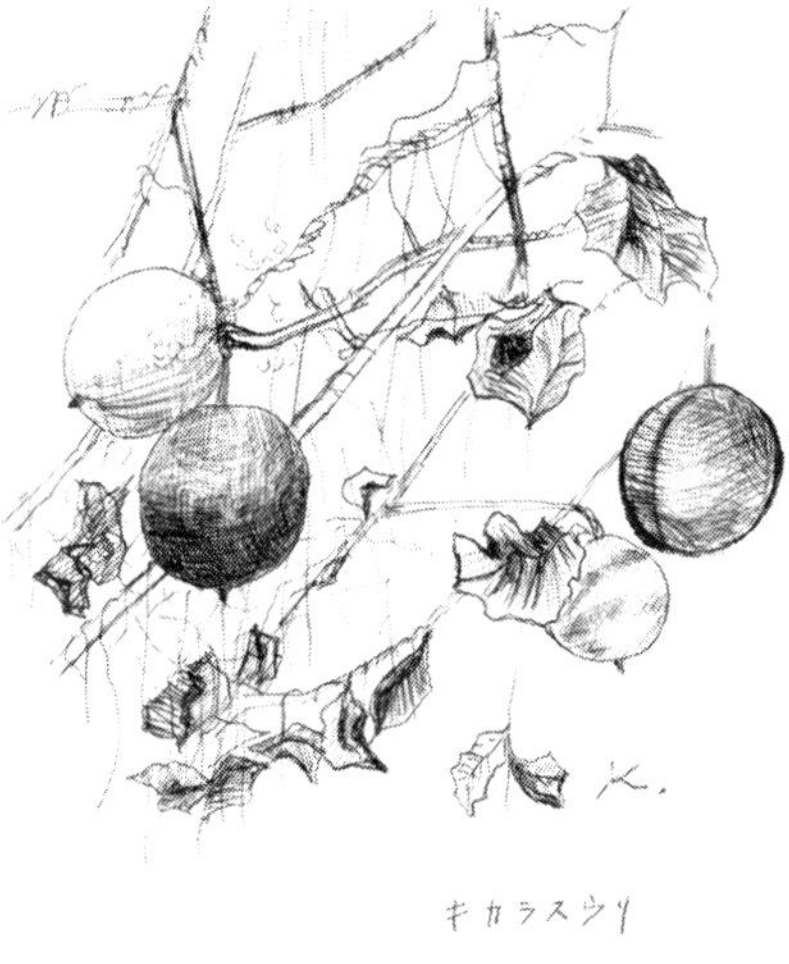


キカラスウリ

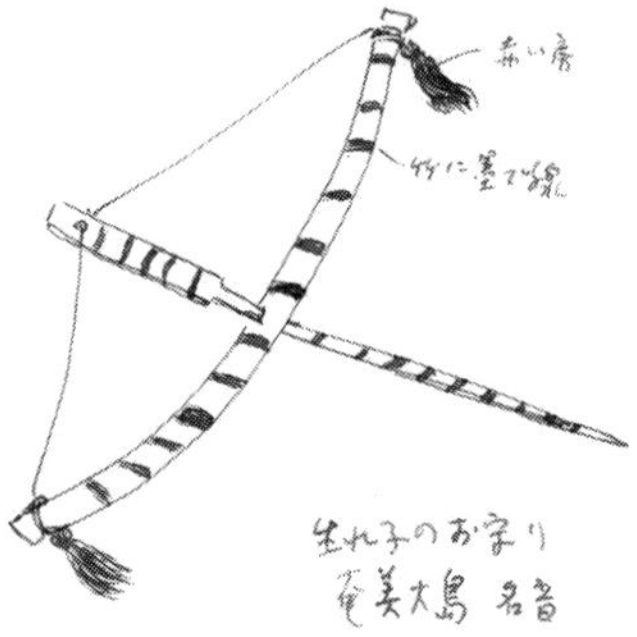
赤い房
竹に墨で縞
生れ子のお守り
奄美大島 名音

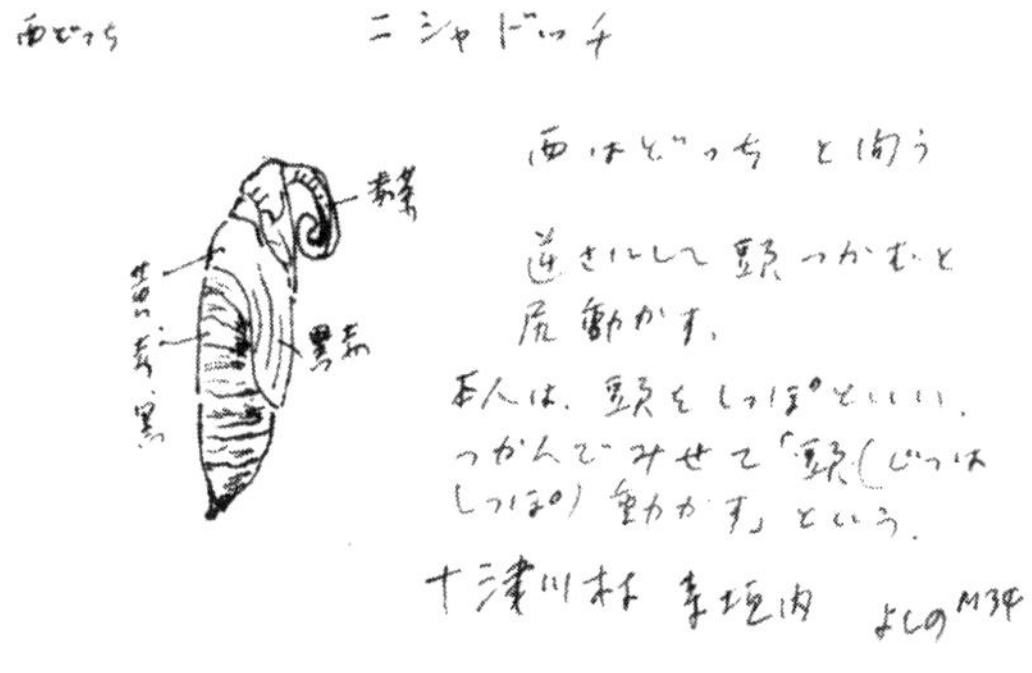
西どっち
ニシャドッチ
西はどっち と問う
逆さにして頭つかむと
尻動かす。
本人は、頭をしっぽといい、
つかんでみせて「頭（じつは
しっぽ）動かす」という。

## 三　奥多摩の話者とお話　117

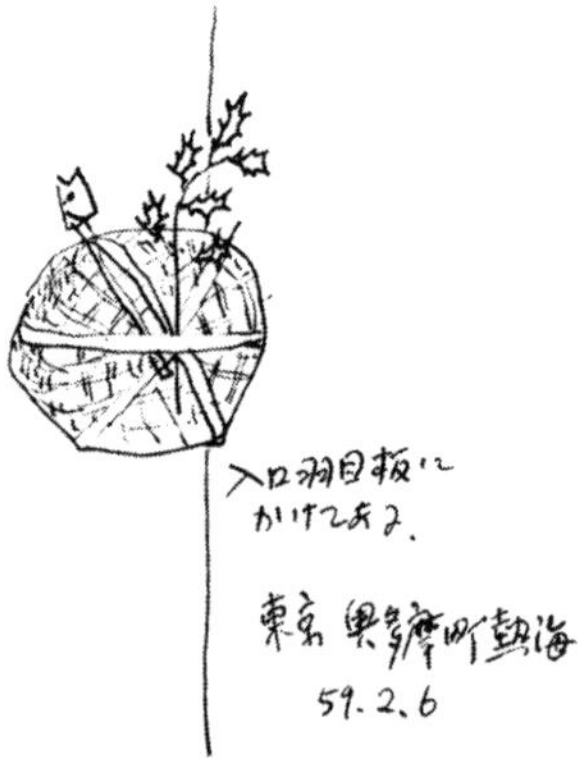
入口羽目板にかけてある。
東京 奥多摩町熱海
59.2.6

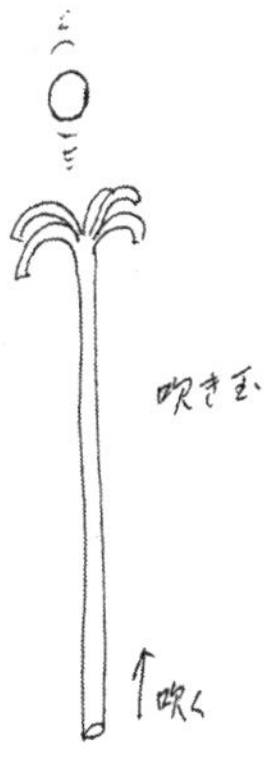
吹き玉
吹く

いろり　秩父
61.7.9.

# 一　鹿児島・奄美諸島紀行

# 喜界島

先内《さきない》

奄美《あまみ》のことばの変りようは、まったく大変である。ことばばかりではなく、発音のまるで異質なものが多くある。

名瀬《なせ》で出合った発音に、まず「ぬりぬむて」というのがあった（ぬりはのりで、生えることはむでという）。このむはめとむの中間音。めの口型でむを発した音で大体いいと思うが、唇を左右に引いてむを発音した形である。

それから、ては英語のtiの音でお茶のteaの短音、タ行は多くこの英語発音で、これは喜界島も同様である。手はti、自分の手はワンtiという。

樹をいうきも、きをいう時の唇を左右に引いた型でクを発音する。私の弟の長男が樹を覚えて見付け次第叫ぶようになった時、歯ならびをきれいに見せて、しぼり出すような澄んだ音で「キ」といったが、あの音もこれと似ていた。

喜界島で樹はFhiという。英語発音よりは幾らか軽いように思われるが、上歯を下歯の上に添えて発するところ、明らかにFである。

島では、シス（集落）によって発音やアクセントもだいぶ変るようである。北側海岸の先内《さきない》あたりだと、この「Fhi」が鋭く発音されてピになる。これも聞き方によってFにも聞こえ、会話の中ではPになったりする。蒸気機関車の汽笛がフィーとなる時と、鋭くピーとなる時と同じようなものだろう。木の葉はヒィンパー、箸はパシ、畑はパテ、冬はプユ、あかはピンドウなどとなる。

先内で三晩も泊めていただいた富《わたる》さん御夫妻と夕方散歩に出た時、奥さんが前髪を振りかぶったような独特な花をつけているムサシアブミの花をさして、御主人に何かいっている。私にはみみというのだけが聞えた。形が耳のようでもあるのでそれをいわれたのかと思ったが、みみは「芽」のことだそうである。これに対して御主人は、

「あい（そうじゃない）、ぱな（花）」

とゆっくり答えられていた。

富さんの庭は広くて、植物を研究しておられるせいだろうと思うが、いろんな木や草が沢山ある。それらが気取りなく勝手に茂らせているからなおいいのであるけれど、家の正面からちょっと左にずれたところに立派な四本柱の高倉があり、そのずっと左奥の井戸のそばに風呂がある。緑の樹々と草の中で

裸になるのはまったくいい気持だ。

先内部落は、平家の一族が住んだところとも伝える。シマの道路や家々は珊瑚《さんご》石灰岩の石垣に囲まれ、旧家では、この石垣が賓客や男性の通る正門と女性の通う横門とに導いている。

ここには私が勝手に名付けたバオバブの木もあった。富さんは妙な顔をして、これはフクギというのだと教えてくれたが、それぞれ大の大人でも一抱えはある大きな幹の木が都合二、三本が一本の太い親木から勝手に伸び出し、肩車をし、からみつき、膝に乗り、きのこみたいな形になっている。今から四百何年か前にオランダの船長さんが植えたと伝わっているそうだ。

ウリガー（降り河）も案内していただいた。島は水が不便で、鍾乳洞のような洞穴から運んだり、難儀なところが多かったようだが、ここはそうでもなかったらしい。深く掘り込んでハァー（井戸）を作った。ウリガーも、元は釣瓶《つるべ》のように引き上げたものだったが、養和（一一八〇年代）頃に井戸の持主の家が火事になり、その後、井戸のまわりを一まわり半ほどして歩いて井戸に届くようにした。手渡しで水が運べるとの意だろうという。今は旧家であった井戸の持主は千葉に住み、広い屋敷は木が倒れ、荒れに荒れて、井戸の通路は腐養土に膝まで埋まり、底の水は枯れている。

富さんの奥さんは、台所が粗末だといって気を使われる。ステンレスの台にしないのはうちぐらいだという。しかしそんな心配はいらないのだ。「私のとこなど、まだ薪で御飯をたいています」といっても、二人は冗談がうまいと笑って本気にしない。

## 湾

喜界島は喜界町という一つの町になっている。船が着き、飛行場もある湾に役場があり、また高台にきれいな公民館もある。その公民館の芝生の上にソテツの枯れた葉を敷き、ソテツの幹に背を預けてこれを書いている。右側に貝が転がっている。でんでん虫の腰を高くしたようなブチのある小さな貝だ。体をほとんど動かさずに三つ拾えた。島には山道にでも畑にも、木の根の下でもどこにでも貝が転がっている。芝生の上とは少し変っているが、多分子どもたちが遊んだ名残りなのだろう。

館長さんが、

「何日になります？　いらっしゃった時、前の畑のキビ刈りがあって、その後二回目のキビ刈りも終ったから、もう一〇日になるでしょう」

といわれる。

それで手帖を出して数えて見たら一二日目であった。一週間ほどの予定だったのに、少し長くいすぎた。昨日でも今日でも帰るつもりだったのに名瀬間の連絡船、奄美丸は先頃一二日からドッグ入り、飛行機の方は二三日まで満席だという。船の入る二四日まで六日間またまたとどまることになった。

すてる神もあれば拾ってくれる神もある、とはよくいったものである。昨日から湾の小さな教会に世話になっている。頼みに行ったら気持よく一言でうけ入れてくれたのだ。主屋と別にある教会堂には畳敷きの間があって布団も一組おいてある。幾日でももと思ったが船の入る日までずっといてもいいという。奥さんは東京の人で、教会の子どもたちにピアノや唄を教え、時々きれいな張りのある声で唄をうたわれる。お寺さんにはいつも世話になっているが、教会に泊まるのはこれがはじめてだ。

牧師さんのところには、子どもさんが三人いて、二番目ののぞみちゃんは、私を主屋に案内する時、履物を揃えてくれた。お姉さんのいづみちゃんは、小学一、二年生になるか、みんなの御飯と汁を上手に盛りつけてくれ、ガスで御飯もたけるという。二人は下の坊やの面倒をよく見る。

そんな訳で、ほとんど出来ていなかったフィールドノートの整理も出来ることになった。

## たんも（たきもの）

土地も限られ、山もそれほど多くない島では、たんも（たきもの）には余り恵まれていない。山ばかりの中で育った私などには思いもよらないことであるが、ズシュチャア（ススキ）をたんもにする。山から刈って来たズシュチャアは浜に干し、塩をたく家でなどはなおさらで、たんもを用意するのがことだった。塩と引きかえに刈らしてもらったりする。小さなススキなら一日でたんもになった。

何という草であろうか。刺のいっぱいついたかずらも鎌でくるくる丸めて持ち帰り、たんもにする。これをニイダンモという。ニイは刺のことで、刺のたきものの意である。

ソテツは、以前はどこの家でも畑のまわりなどに植えていて、下葉を毎年落すのでこれも束ねておいてたんもにし、また、アダンの葉も燃やす。ニイダンモにしてもソテツやアダンにしても、魚の歯のような鋭い刺があるから扱うのも大変だったろうと思う。

それから島の主要作物の砂糖キビのしぼりがら、ぐんにゃらしているので名前もそのせいかグンニャラというが、これもたんもの一つである。

海岸の砂地には、どこにでも丈が七、八センチの芝が生えている。じゅうたんのようにといってもよいが、正確にいうなら、ところどころ長い毛足の抜け落ちた、疲れたじゅうたんといった方がよい。すでに半分枯れたようにして、砂の上に敷かれているから、これを抜いて来て、たきつき（たきつけ）にする。

ボロだと悪口をいったけれど、たきつけだったらそれは素晴しかったろう。痩せた猫の背中の毛のようなのである。島では、他の芝類もいっしょにしてサーサーと呼ぶ。富さんによれば、ホーライシバというものだそうだ。

# 種子島

## 柏餅

今晩は旧暦で大晦日だというので、どこの家でも柏餅を御馳走になった。種子島に着いた時からこの餅のことは聞いていていたが、いただくのははじめてだ。茗荷の葉を大きくしたようなゲットーで包んである。柏の葉は割合さばさばした感じのドライな香りなように思う。また岐阜の高山でいただいた朴の葉餅は、それよりはしっとりとしたおだやかな香りがし、平戸で御馳走になったサンキライ（サルトリイバラ）の葉はわずかに甘い香りがした。

それらに比べてゲットーの葉は派手である。つつましやかなにおい袋などでなくて、気前よく香水を振りかぶった華やかな、ただしはそのかぶったものがいやらしい人間ではなくて、たくましい大きな緑の葉で、いくら香水を振ったところで、それよりはるかに強く生気が立ちのぼっているところのものである。これは生でも葉をちぎれば大変におうが、餅を食べる間中甘酸っぱい香がいっぱいに広がる。葉は丈が五〇センチ、横だって一五センチもあるようなものだから、真ん中に葉にそって細長く餅を置いたら、それを両側から包み、ついで経木を使う時のようにつけ根の方と葉先の方を折り返す。風呂敷を開いて弁当を食べるような格好である。

中の餅の味はどこでもたいてい同じようで、もち米粉にうるち米の粉にそれと同量のはんすう（さつまいも）を搗《つ》きまぜ、同じく砂糖を加える。はんすうは必ず入れるというが、私は聞かされるまでそれに気がつかなかった。芋の香だってそうしないし、粉だけの餅とまるで変りがなかった。

今はこのハサームッチは蒸して作る。だが昔は包んだところを藁かイグサをしばり、さんめい鍋（三まい鍋）に湯をたぎらせた中で煮たそうである。

どうして調理法が変ったのか、昔の人は知恵がまわらなかったのだろうという人あり、仕方を知らなかったのだろうという人がある。

けれどもそうは思われない。餅の材料に、もち米粉を使うようなぜいたくな暮らしになったのは最近である。以前は米などはほとんど食べられなかった。米ではなく、麦粉で作るものだった。

花良治《けらじ》で明治四〇年生れの方にうかがったが、子どもの頃は麦粉の餅をどっさり作り、鍋で煮る、米粉の方はほんの少し、ザルに入れて麦粉の上にのっけて蒸して仕上げるものだったと語っていた。

米の粉なら蒸す調理法でいいが、麦では湯につけて煮ないと具合よくないという、そのような大きな理由があったものと思われる。

この他で、ハサーにするのはまん丸な大きな木の葉で、葉柄が葉裏についているので、まるまる包みになるというオオバギ、これは丸いので猫にたとえてマヤー（猫）柏とかテブハサーという。これと、葉をマンジュウの下に敷いて蒸すのでマンジュウキがある。マンジュウキは、これも富さんから教わったのでハイイヌビワというものだそうだ。

## 魚

教会の夕食に出た汁の鯛の頭を次々に分解して、上顎や下顎まで重ね出したのを見て、奥さんが今まで余り魚の馳走にならなかったかといわれる。

さもしい食べ方をしたのに違いないのだが、そういわれてみるとほんとに魚には出合わなかった。海に浮ぶ島だから、毎日魚ばかり食べているかと思っていたのに、島の人たちは思いもよらず、魚を食べることが少なかった。

種子島に渡って三日目に、庄司浦《しょうじうら》のお寺さんで少し変った味の刺身を御馳走になった。かたい身で少し乾いた感じであったが、正月の残りだという。現和では食堂に宿を頼み、夕食はとらなかったが、朝にうなぎのような、多分海の魚だと思う小さく切ったものが一皿出た。それから本村では、キビナゴ焼いたのと目刺一本、最後の逗留地平野のお寺さんで、はじめて生の刺身を御馳走になった。

屋久島もそう変りがない。最初の日に泊めてもらった川野さんのお宅でたこの酢のものをいただいた後は、安房《あんぼう》の若松さんのところで茶うけにキビナゴの天ぷらと、夕食にサバの塩焼き、原のお寺さんでもサバを御馳走になった。

以上は少しは忘れてもいる。煮物の中など、他にも一、二度は出たこともあったかも知れないが、その頃からも魚の少ないことを考えていたからおおよそ間違いない。二つの島にいる間がこれであった。喜界島に渡ってからのことなら、まだ確実である。

こちらで魚に出合ったのは、伊実久《いさねく》で夕食にサバ、花良治で昼食に細くて長い白味の魚の唐揚げ、その晩の宿の浦原《うらはら》でやっぱり同じ唐揚げしたもの、その次の次の日は教会なのであるからこれだけである。

どこの家でも買ってこれば魚があるんだがといわれたのを、そのようなことは是非しないでくれと頼んだせいもあるのだろう。そのように客のために用意するとか、また旅館の食事ならいざ知らず、決して多くの魚を食べているという訳ではなさそうなのである。

私は佐渡にいた二〇日ばかりは、ほとんど民宿と宿屋で、魚の煮物に塩焼、吸物で食欲をなくしたことがある。当初こちらの島に来た時も、人々は魚に飽いているのだろうと思っていたが、そればかりではないらしい。魚の値段が高いという。例えば教会で馳走になった鯛であるけれど、中皿から顔先と尻尾が出る大きさで七二〇円であった。グラム当りにすると一七〇円になる。

私はしばらく魚を買ったこともないが、秩父市に出てスーパーマーケットから買う時、これは一番最近、去年の秋頃であるが、太った生干しのイワシが五尾で八〇円か九〇円だった、縁側に吊るして一日二日乾してから食べたら大変うまかった。よく買う新鮮なマスも、たいてい二匹買って一八〇円ぐらいだから、胸囲六、七センチ、二〇センチ丈ぐらいのが一〇〇円にはつかない。

都会に住む人たちから見れば、この値段は高いと驚くことにはならないかも知れない。だが夜も昼も瀬音を聞き、ないだり、しけたりする海を目にしている島に於いてである。

魚ばかりでないが、島は物価が高い。野菜も衣類も高いし、食堂ではウドンが一杯三〇〇円だという。だが、また金づかいも荒いという。湾の観光土産店で、私は一二〇円のネムの実のネックレスやら、三〇〇円の貝製品などを眺めているところに、八〇近い田舎風のおばあさんと若い男性とが連れ立って入って来て、ひどく気軽に財布やら人形やら一抱え包ませて、支払いが何と二万円にちょっと欠ける値段であった。

島は経済的には豊かである。ほとんどといっていいほど、どこの家にも機台がおいてあり、七〇、八〇を過ぎたお婆さんたちも機を織っている。織り賃は一反で八万～一五万するのであり、若い人ではそれを仕上げるのに一か月はかからない。おばあさんになるとこうはいかないが、一月七、八万とる人も多いし、五、六万は下らないようである。

あの細かい織は、機の傍で眺めているだけでも気が遠くなる。縦糸に横糸の柄を合わせて織るだけでも大変だろうと思うのに、七、八センチ織り込んだら、今度は縦糸を一本一本目打で拾っては引上げて柄合せをする。これをおばあさんたちがやっている。成城久で泊めていただいた川畑さんは、何人かと同じ建物の中で織っていられたが、川畑さんが明治三四年生れ、もう一人も同年で、あとの一人は三二年生れであった。

おばあさんと嫁さんと織っているところでは、大変な収入になる。

それに島では、砂糖キビが大きな財源である。収入がいいので、田圃はつぶしてみなキビ畑にしたところが多くある。これの値段は四、五年前が一斤七千円、二年前までは一万二千円、今年は一万七千円である。これをたいていの家では百斤ぐらい（七〇万ぐらい）、多く作っているところでは二百斤も出す。肥料は一俵一五〇〇円で一反に一〇俵ぐらいというから、大きな金額ではない。大変な重労働ではあるが、手がかかるのは抜採の冬、四か月の間だけである。

長くなったが、こんなわけで魚が高くともそれほど人々は不満に思わない。内地から来る高い野菜だって買うのらしい。畑仕事で時間をつぶすよりは、機を織って買って食べた方がいいという。どこにでもありそうなことがここにも起っているのである。

# 奄美大島

## 赤土《はにさ》

根瀬部《ねせぶ》から大和村国直《やまとそんくになお》に向う途中、というよりは、山道をほんの三まわり四まわりばかりしたところに、美しい赤土の山があった。印肉の色とも違う、重箱の内側の朱色でもないし、蟹の爪の色でもない。夕焼の厚く垂れこめた紅になら少しは似ているか、中まで紅いスモモの熟れ過ぎた時の色にはも少しは合っている。

正直いえば、私は子どもの頃に杉ヤニに紅い染粉を入れて、真赤な唾を吐き散らしながら噛んで出来たあの杉ヤニの色と一番似ていると思ったのだが、この説明では一般的ではない。いうなればそれはレンガ色なのである。ただしそのレンガは、雨を充分ふくんだ、つい手を触れてみたくなるような鮮やかな、しっとりとした、そうだ、わずかに紫の色が底に流れている、そしてまだ誰も踏みつけにしないごく紅いレンガである。

海岸に向いての山全部が、赤土なのであるらしい。マッシュルームを真ん中から二つに割ったように、少し奥の方まで削り取られ、道には赤い絵の具がごうぎに振りまかれている。森永のミルク缶の空缶が一つと、それから何やらブリキのかけらのようなスコップ代用になるものが転がっていた。部落から赤土をとりに来る人たちがいるのだろう。

赤土で洗髪する人たちもいる。根瀬部の武原英哲さんは、姉たちに頼まれて赤土をとりに行ったといっていた。根瀬部の部落にある土俵の土も、こんな鮮やかさではないが赤土で、竹原さんに名前をハニサと聞いた。土俵は、どうでも粘土質であるハニサがないことには固められないのだという。あの土俵の土もここから行ったものに違いない。

この前の五島の旅で、そばを通りながら、部落の半分が赤土だという曽根まで行かずに心残りに思っていたが、そこの赤土もこういうのだろう。曽根周辺の子どもたちは、ほうせんかで爪を染めるにこんな唄をうたうのだ。

でんじょ　でんじょそまれ
曽根の赤土　負けんごてそまれ

赤土の山の色は濁ったりあせたり、乾いたレンガの色になり、黒土とまじって重たい色になったりして、山を登りきるまで続き、国直側になったら普通の土の色にかわった。赤土は島には多いのらしい。大和浜から大棚に向う海岸線の山肌も、やはり赤色だった。

## 入墨

柏の葉が変った。平田の宮原さんのところでいただいたかしゃーむちの葉は山芭蕉であった。どのあたりから変化したものかはわからないが、湯湾《ゆわん》の隣の須古《すこ》の部落でフチムチ（よもぎ餅）を見て何で包むのかと聞いたら、山芭蕉とこたえた。私は知ったかぶりをして、ああサネンの葉ね、などといったが、あの人はサネンではなく、本当に芭蕉の葉をいったのだった。山芭蕉はバナナのなるのとは少し違って、ばらばら横裂けにはなっていない。この葉を真ん中の葉脈から裂き、その片面をさらに一〇センチ巾位に斜めの脈に添って切って、それが一枚の柏になっている。サネンと違って香がないが、一枚で六、七箇も出来るそうだ。サネンは今の人は使うが、昔は山芭蕉の葉ばかりだったという。

焼内湾《やけうちわん》の一番外れにある屋鈍《やどん》で、九四歳になるたけばっけ（婆さん）に彼女のおやつのカシャアムチを一ついただいたが、これも山芭蕉で、このムチは他で多くいただいたのと歯触りが違っておいしかった。粉の細さが一様でなく、ムッキラ、ムッキラしている。手挽きの粉じゃないですかというと、矢張りそうだという。アズム（手杵）し（で）割ったものだという。製粉所にやるようになってから、こうした餅や菓子類がおいしくなくなったとはよく聞いていたものであるけれど、手挽きのものを食べて見れば、自分の子どもの頃もたいていがこの歯触りだったことがよみがえさせられる。

機械製粉からすれば、ひきゅす（挽臼）で挽いた方がうまい。けれども昔はその挽いた粉でもまだ不味いといって、臼で米を割ったものだった。一晩水につけてふやかし、これをアズムで搗き、キンブルイで何度もふるって粉にする。こちらの方がねばりがあって、はるかにうまいものになる。種子島から屋久島、喜界、大島、みなこんな作り方だった。ひまははぶけて生活は便利になったが、われわれはせっかくのものを、まずいものに作って食べているようである。

たけばっけは、左手の甲に十字のハジキ（入墨）をしていた。これでハジキをした人に逢うのは三人になるが、いずれも本格的にやったのではなく、もんかり（遊び）にやったものだという。最初に逢った、これは誰方《どなた》だったか忘れてしまったが、これも左手甲に十字で子守をしながら、自分で針で突いて墨をさした。学校の先生にひどくおこられた。罪人のやることだといい、そこの皮を削って来いといわれたそうである。平田の最年長者九〇と二歳というウシマツさんのお母さんは、矢張り左手の甲で、これは複雑に丸く囲んだような線と、その中に十字やら斜めの線やらまた短い線やらがあったという。

たけばっけのが三人のうちでは一番鮮やかできれいであったが、前はもっともっときょらさん（きれい）であったという。年とったら色が薄れてしまった。（こうしたお婆さんとの会話はこちらの理解不足から何とも不確である）

たけさんの四人の姉さんは、甲いっぱいにはじきをした。それこそ「きょらさん」だったそうである。その頃一二、三歳だったたけさんには、おばに当る人がやってくれたのだそうだ。

私が小学の何年生かの頃に、右手の人差指と中指に入墨をしたことがあった（中指のはペンを落したせいだったろう）。その黒点はしばらく残っていて、殊に血の出るまで突いた人差指の方は、それこそ一年ぐらいも残っていて、眺めては一人楽しんだ。入墨の仕方を誰かに教えられた訳ではなかったと思うのだが、着物を楽しむみたいに、無地の肌に柄を施してみようとすることは、いたって素朴で無邪気な欲求だったのかも知れない。

島の人たちは、こんなはじきの唄をうたうのだ。

夫《うと》ー欲《ふ》しや　ちゅはな*
刀自《とじ》欲しや　ちゅはな
綾はじき欲しや　命かぎり

*いっとき

# 徳之島

池間の武田さんという家で話を聞いていたら、電気料だかガス料の集金人のおじさんが几帳面にキロと釣銭をくり返した。

「今日は四月の一四日、はつづうはつきろ、釣銭が七づう三えん」

この人と入れ替りにクバ傘をかぶった近所のおじさんが顔を出して、誰とかが東京がつ転勤なってと告げて行った。どこそこへという意味の「がつ」は、奄美大島でなら「かち」というものだ。

何もこのおじさんだけではなくて、この島では「ち」を「つ」、「し」を「す」と発音する。

「こっつではことばもつがうす」

「昔は大鍋ですつ（七）八斤たいた」

単語もいくらもある。目に入ったゴミ、大島ではメンチリといっていたものを、メンツリ、星がホス、石がイス、道端はミツバタ、畔はアブス、虫はムス、蜂はハツ、餅はモツ。

ここにのせただけを見れば、ちを「つ」、しを「す」と発音するところに差があるらしい。自分たちの言葉はさておいて新しいことばを習うのなら、「ちがう」ならそっくりそのまま「ちがう」と覚えたらいいと思うがそうはならないからおかしい。

「ち」と「し」がいえないのは、東北のわれわれもまったく同じだ。それならば「ち」の音をわれわれは持っていなかったのだろうか。今想い出して見るに、血はつだ、「つみどろなて倒れていたど」となる。ちぢれ毛つづれ毛、乳はつつ、土はつづ、違うはつがう、ちっちゃいはつちゃこいという。私の上から二番目の姉の名は千代だったが、みんなはつよちゃんといった。

やっぱり我々は、「ち」や「し」の音を持っていなかったのだ。

## ミヤ（貝）

金見で、茶うけにミヤを御馳走になった。小皿にしょう油味の汁と具に尻の先まで抜き出してある。くりくりとした小さなむき身が四〇個ぐらいあった。素晴しいというほどではないが、おいしい。全部いただいた。

名前をミンミヤまたミズノミヤともいうそうだが、私にはそれだけじゃわからないので、殻を見せてもらった。これならつい昨日、池間の上原さんの庭でも見ている。アルミの鍋に食べた後の殻が七合ほど雨水の中に浸っていた。タニシを小さくして三倍か四倍ぐらいに厚くし、その殻が紬の泥染みたいに渋い土色と緑で出来上っているものだ。梅雨の頃になったら、幾らだってこれが出てくる。まったくぞろぞろ浜の岩のあたりを歩くという。御馳走してくれた人は、夜電灯をつけて捕って来た。たくさん捕って来たといっていた。

私は、昨日人にやろうと洗って干して見たが、上原さんが最初から駄目だといわれたとおり、水の中にあるうちはきれいなのに、乾くとすっかりぼけて、枯れたようになり、石灰質のかすれたような色がかぶさってつまらなくなった。日光にあてたらもう貝殻のかがやきは駄目になるのだという。このあたりは宝貝がいくらもとれる。これは砂の中に三か月埋めておくと中の身はすっかり消え、殻は美しい艶のまま残る。

宝貝といえば、私は戸円《とえん》でこれのスープを作ったんだった。森さんのところで何日も世話になったから、最後の晩はこちらが料理を作った。森さんの生徒小学一、二年の五人の子たちと浜に行って、大きな岩のトンネルを潜った向こう側に行った。宝貝をひろい、それから傘のような形をして岩にぴったりくっついているその貝と、それから貝捕りに来ていた婦人からもらった、まったく変った品物、アワビのような形であるが、殻はかぶっていなくて、蟹の腹帯のような、ちょうどフナムシの甲羅のようなのをつけて周囲にはガリガリ殻を砕いたようなのをつけている、この小さいの三つをもらったので、これで塩味のスープを作った。

おいしいねと森さんがいい、一緒に食べた森さんの同僚は、音楽みたいで楽しいねといってくれた。

堅い宝貝は底をさらう度にカラロン、コロロンとぶっつかり合って音を立てる。

それにしても、奄美に来て貝を食べたのがこの二回っきりだ。屋久島の麦生《むぎお》で、これも実に妙な爪のような貝をいただいて以来のことだ。島の人は、貝を問題にしていないのでもあるまい。好んでいるとこそ思われても、その反対とは見えない。あんまり量は多くないように思うが、寄る場所だってあるのだろう。面倒なことをする人が少なくなったのか、それとも、たまたまこちらが出合わなかったのか。

今までいちばんおいしい貝を食べたのが天草だ。天草の牛深《うしぶかし》市吉田の河田てるよさんの家でいただいた貝だ。てるよさんは、ほんとに気持のいい人で、昼前に逢ったのだが、一日ゆっくりするようにといってくれ、お陰で私はジーパンを洗濯したり、リュックサックまで洗ったりし、御主人に連れられて山の畑に苺摘みに行ったり、その後は村のおじいさんたちのところにまわって、道々拾って行った麦わらで素晴しく美しい風車を作ってもらったりした。

夕方帰ってみたら、台所が海の中だった。あきれるほどの潮の香で、台所にある大きな鍋はみな動員され、ザルの上には洗った貝が山盛りあり、テーブルの上には手つきの鍋ごと煮えた貝があって、ご主人の足許にはすでにバケツいっぱいの食べ殻がある。

息子さんの車で貝とりに行くとはいっておられたけれど、よくもこんなにいっぱいとれたものである。貝の形はさまざまだ。細長い黒い一枚貝、縦に巻いたところから引き出して毛のようなものをむしって食べるもの、細い土管を一本面に一、二度折り返したブローチのような貝、巻貝のいろいろ、この中には少し辛みのあるコショミナもある。

息子さんはビールをついでくれ、御主人は食べ方を教えてくれ、奥さんはまたまた鍋で貝を茹で、その鍋が湯気を吹き、蓋を開けると波がふたたび寄せて来て、海の底のわれわれはゆらりゆらりする。あんな潮の香の貝を食べたことがない。部屋の潮の味だっていいけれど、殻に口をつけて引っ張り出したり、身を噛んだらまだまだ素晴しいのである。

あの人たちは元気だろうか。そうそう、家の傍に川が流れていて、橋の下で三、四人ザルやバケツを持ってテングサ洗いをしていて、そこで私は話を始めたのだった。途中から洗濯物をいっぱい抱えた若い奥さんが来て、テッグス洗いの人たちより一歩下がったところでゆすいで行ったっけ。もう一度貝の馳走になりに天草に行きたいと思う。

## 山羊《ひんじゃ》

奄美諸島では山羊を多く眼にした。中でも最初に行った東端の喜界島がいちばん多かったであろうか。家近くの草原《わら》や土手、また海水のひたよせる川岸になど、長い綱に継がれて、寝たり、立ったり、そしてしきりに鳴いていた。

日暮れ時になると、心細さも加わるのであろうか、その鳴きはいっそうはなはだしくて、沈んだ太陽の余光を背に、風に純白の毛を光らせながら間なしにめえ、めえやっていた。

草地に半放牧する風景、また山羊の姿形に変りはないのだが、少しく違いが眼につくのは仔山羊も一緒にしておくことである。ごく小さいのは放したままに、勝手に飛びまわり、それで彼等が遠のくと、親はまた一《ひと》しきり鳴き立てることになるのだが、それからもう少し体大きくなったのは、継がれながらに親と共にいる。普通なら山羊は乳をしぼるので、仔は隔乳するのである。しぼった後の残り乳をやるぐらいなのだ。島のやり方では仔は飲み放題なわけで、これで搾乳もなるまいにと不思議がって問うと、向うも驚いた顔をして、乳をしぼったりなどしないという。

そういえば、私の知っている山羊の乳房はみな太いさつま芋が二本ぶら下ったような格好で、搾乳するにはしごく都合がいい。私などにあの形は大いに懐かしいのであるが、島の山羊にはあんな邪魔になるようにぶら下がったものはどれにもなく、小じんまりした袋にただ、仔山羊が口含むためだけの短い乳首がついているのだった。こちらは、山羊はもっぱら肉とするのである。その山羊肉も喜界島で御馳走になった。東海岸の花良治《けらじ》の一軒の家で昼食を恵んでいただいた。魚の輪切りをフライにしたのをお菜に与えてくれたが、少し離れたところで食事をとっている家族の人たちの間には、湯気立てる大鍋の汁がある。私もそれが欲しいと無遠慮に申し出たら、おそらく食べがなるまいがといいながら、汁椀に一つよそってくれた。たっぷり入った高菜と油ぎった汁の中に大振りなヒンジャ（山羊）の肉が三つ、四つ入っていた。

山羊の肉は臭い。はじめての人では、とうてい食いがならないとは何度か人々に聞いていた。たしかにはなはだ臭い。山形で私は山羊の肉を何度も食べている。それで右の話に及ぶ時は、もう馴れていますからというものだったが、それとはまるっきり異質な逃げ場のない、太くたくましい威丈高にも意気盛んな、あふれる強靭な臭いである。

それでも旅の間中はえてして飢えがちの私は、お代りまでしていただいた。あちらの家の人たちには、山羊肉を食べていることを何か恥ずかしいことのようにしている雰囲気があったものだから、こちらはことさら大声上げてたいへんうまいなどといった手前もあったのである。しかし、それは間違いのない強烈な物だったのだ。その日の午後中、私は自分でも顔そむける、まるで山羊一つを丸呑みしたようなおそろしく山羊臭いげっぷを吐いた。

加計呂麻島《かけろまじま》では、山羊のくくり方の違いを発見した。野見山という部落で通り際の小屋に継がれた山羊がいて眼のあたりにした。それまでは、そんなに近寄ることがなかったのである。細長い四角の木片に穴を二つ穿《うが》ち、綱端に玉を作って一つの穴を通し、山羊の首をまわしたら、もう一方の穴に通す。通りかかった家人にその留め具の名を問うたら、ただ一言、「ビビラ」と教えた。

これでは綱を曳けばいくらでも首がしまるようだが、一方が板だから、それで密着をまぬがれるのであろうか。中型の山羊は何が気に入らないか目茶苦茶に暴れ、その度に板が首に食い込むようではらはらする。

そういえば、沖縄にはこんな子守唄があった。

牛《うーし》や鼻ほがちー　馬や鞍佩《は》きてー
肝苦《ちーむぐり》さ　べぇべぇぐゎー
首《くーび》るくんちぇるー
（牛は鼻通し、馬は鞍つけて、可愛想だよ山羊《ベエベエ》っコは首をくくられている）

これはいい子守唄だ。ほとんど唱えるようなゆるやかな懐かしい調子でうたわれ、最後には、「よいよいよい　泣《なーく》なよー　よいよいよいよい」がつく。三番ほどあるが、その文句も私はたいへんに好きだ。次のような歌詞もある。

一《てーち》　二《たち》　読《ゆ》みばー
三《みーち》　四《ゆち》　成《な》いん
五《いちち》　六《むち》　七《ななち》ー　八《やっち》　九《ここのち》　十《とう》

子が一つ、二つになったら、次は三つになり、四つになりというのであろう。もう一つ。

うーみ童《わらび》　すかちー
今《なま》ど物知ゆる
昔我守《むーかしわんむ》てるー　人《ひーと》のなーさーけ

（負った子をあやし、今になってやっとわかった、昔私を守してくれた人の情を）

べェべェぐゎのぐゎは猫っコなどのコにあたる。牛をべェべェと呼ぶのは児童語であって、これは牛の鳴き声から出ているのである。私どもは山羊はメエーとばかり鳴くかと思っているが、島の人たちはべェーと鳴くといい、またべャア、バーと鳴くという。それでこんな唄もある。

天の暗《くる》むばや　山羊《ひんじゃ》の仔《くわ》の
べェと鳴きゅるり

（空が曇れば山羊の仔がべェと鳴くよ）

山羊は空が曇り、今にも雨が降り出しそうな暗みになると、しきりに鳴くのだそうだ。これでみると、最初に書いたように、日暮れだから鳴くというのでもないのらしい。

ところで、一般に山羊を称するヒンジャの名も、ずいぶん不思議な名である。奄美・沖縄地方ではことばが大きく変り、珍しい呼び名も多く聞くが、ヒンジャは中でも驚かされた名称の一つであった。ヒンジャの意味はいったい何だろう。

こちらのことばの特徴の一つに、動詞の後にヤーをつけて、「〜する者・物」となす用法がある。たとえば、家にばかり籠っている者はヤーグマリヤーといわれるが、これは、ヤーグマリ（屋籠り）にヤーのついたものである。そのでんで、カムカカリ（神がかり）するユタ（巫子）にはカムカカリャーというし、銭を握ったら放さない吝嗇な人には銭にじりや、ゼニニージャの名をいう。清水《ソージ》の底にじっといて、まるで清水の守でもしているような赤腹のイモリはソージマブリャー（清水守るもの）の名がつき、蛍をピカヤーと呼ぶのも、ピカリ（光り）ヤーの意である。あたかも、英語のerに類するのだ。

ある時、これも旅の途上でのこと、これまで耳にしたヤー用法のことばを一枚の整理カードにまとめておこうと、三つ、四つと書き列ねていた。そのうち、ふいっとヒンジャの名が浮んだ。ひょっとしたら、これもここに加わるべき類《たぐい》なのではないかしら。ヒンジ・ヤーと分解される語ではないのか。もしそうだとして、それならヒンジの意味は何だろう。そうだ、ヒジ（髭）だ。〝髭持つ者〟の意なのだ。

ここにいたって私は、自分の思いつきに嬉しくなって一人笑声を上げた。彼の他の動物との違いは、まずあの顎髭《あごひげ》だ。遠い見も果てぬ国でのことは知らず、私どもの身近な生き物の間では、山羊のように髭をたくわえているものは他にはおらぬ。しかも百歳の爺さん思わせる真っ白で立派な目立つ髭で、それで彼はしばしば哲学者にも擬せられるのであるが、こればかりは牛にも馬にも羊にも豚にも鬼にも持ち得ないところの差をつけるものだ。

そのものの最大の特徴をもって呼び名となす命名の定道から見れば、そこに眼をつけたのは当然ともいえるのだが、そればかりでもなく、この微笑ましい名前には、島の人たちの山羊に対する親しみや、穏やかな眼差しがうかがわれる。

ヤーをつけてのことば作りは、何も島の独自なものなのではなかった。私どもは普段、「しまりや」とか「ごねや」とか、「はにかみや」「きどりや」とか、また「拝みや（神人）」、「染めや」などいう。このやがそうであろう。また、他に「〜者」というのもある。つまり、「伊達者」「律気者」「役者」「行者」など。これらのしゃも、「者」という漢字があってそれからことばが作られたのではなくて、「伊達しや」、「律気しや」、「役しや」だったのであろう。

最後に、ベェベェの出て来る唄をもう一つ。

いった母《あんま》　まーかいが
ベェベェの草刈いが

ベェベェのまさ草や
畑《はる》の若葛《みんな》
（お前の母さんどこ行った　ベェベェの草刈りに　ベェベェの好きな草は畑の若かずら）

ミンナとはヤエムグラだと、これをうたってくれた沖縄西原村の人たちは教えた。これに種類があるが、いずれも山羊の好物だと。

島の人たちは家畜を大事にする。道端や、畑の草茂る中、わざわざ山羊の好きな草ばかりをむしり摘んで小束にして持ち帰るお婆さんや子どもにも、一、二度ならず行き合った。

# 二　紀伊半島・十津川紀行

# 上葛川《かみくず》

## 三月二日（昭和六〇年）

昨日、奈良十津川村に入った。夕べは温泉地でもある平谷に投宿し、今朝は十津川沿いに北上する。十津川を訪れるのはこれで二度目だ。初回は昭和四七年、子ども遊びにかかわる民俗採集の旅をはじめた翌年で、この頃はまだ旅も不慣れなら話を聞く相手さがしも下手くそ、その上、十津川に沿う表街道を、ただ通り抜けただけのような格好だったから、得られることも多くなかったし、またさしたる印象もない。

そこでこの度は、中央道は避け枝道ばかりに入ることにする。これはここに来るまで数日厄介になった熊野、中辺路町《なかへちちょう》野中の宇江敏勝さんの勧めでもある。彼も筏流しの聞き取りなどで、十津川には度々入り込んでいるらしい。出掛けに彼はその川筋の地図を描いてくれた。中央に十津川、最初に東に分かれるのが芦廼瀬《あしのせ》川、それに続く葛《くず》川、もう少し北にいけば滝川、さらに北上し、これはもう大塔村《おおとうむら》になるのだが、同じく東にのびる舟ノ川、それから西側に向かって野迫川村領《のせ》の川原樋川《かわらび》、南に下って順に神納川《かんの》、西川、そしていちばん南が西隣・和歌山県竜神村まで至る上湯川だ。ずい分川が多い。十津川名は、おそらく多くの川が集まるところから起っているのだろう。

今日は、芦廼瀬川《あしのせ》を経ての葛川にいたろうとしている。平谷から一二キロほど上の滝部落から東にそれる。気持の良い陽光、さして大きくない川沿いに進む山道の静かな安らぎ、このままずっと歩いて行きたい気持だが、たいへんな距離で、これでは歩くだけで一日が終ってしまいそうなので、ヒッチハイクをする。止まってくれたのは平谷の洋品屋さん。上葛川の部落まで行く、あんたは運が良かったとしきりにいう。よほど車の便がないのだろう。

上葛川では、中ちよさんの家を訪ねる。最初に人に教えられて行ったおばあさんは、しっかりはしているようだったが、一つ一つこちらが話題をひき出すのに、しごく部分的なわずかの返答を返すのみ。だが、ちよさんはこれと大きく違うらしい。最初から、長居をすることになりそうなのを感じて、こたつに入った。こちらはそれでも気負いと荒っぽい空気を持ちこんだが、ちよさんの方はあくまでも平らか、間に幾つもの山を置いて眺める海のようにおだやかに対してくれる。ちよさんは、一人でぽうとしてこたつにあたっていたのだ。

その静かさ、家の内の片づいているさま、ひょっとしたら一人暮らしかと考えたらそうではない。息子夫婦がおり、その上今朝までは息子夫婦の町方にいる孫、ちよさんにはひ孫にあたる幼い子二人を預かっていたので、たいへんな賑わいだったのだという。ひ孫は上が女の子で下が二つの男の子、その守りに若いおばあさん一人がかかりっきりだった。ちよさんはもう手を出さないことにしていたが、それでも大事だった。

それに女の子は何でも「これおいしくない」といって物を食べない。ちよさんは、そんなことをいうのは腹が空いていないからで、空腹になるまで待つようにいうのだが、若いおばあさんはそれが出来ない。これを食べるか、こちらならどうかと食べるのを聞いてこしらえてやっている。あんまり甘やかしがすぎるのじゃないか、といったところだった。これらの目まぐるしくはねまわるさま、普段が大人だけの静かさに馴れているから三人ともくたびれ果ててしまった。でもちょうど今朝夫婦二人して子どもを返しに行ったところで、ほっとしていたという。

幼い者たちはちよさんの家に一月もいたそうで、それでは子の親たちは病気でも、それともお産でもかと推量すればそうではない。お母さんが自動車の免許を取るに教習所に通う、その都合からだという。子どももそうだが、若い親たちもずいぶん甘やかされる時代とはなっているのだ。

ちよさんからは、興味ある二つの話を聞いた。一つは妊産婦が死亡した場合、クズカズラで腹をしばって葬るというのだ。お産で子を産みきらず、子を腹に持ったまま死んだ折は、腹を断ち割ってでも中の子を出して葬るとはどこでもよくいう。ここでもそれを沙汰し、ただし、クズカズラでしばれば、その心配はいらないというのである。

「クズカズラで結《ゆ》うてやったらの、あの世行って身い分ける」と。平生は、それだからクズカズラを身に巻きつけることをひどく嫌う。少なくとも、これから子を産むほどの女には厳しく戒めるものであるという。

クズカズラとはクズ粉を取る、あの、いたるところ地を這い、木に登り、あたりを埋めつくすほど旺盛につるを伸ばす葛のことだ。このかずらはしなやかで丈夫で、焚物や草をしばるに縄代りに使われる。そのため山行きなどにはよく何本かずつ携え、腰にも巻きつけようというものなのである。

なぜクズなのだろうか。クズがこんな因縁めいた場面に立合っているのを聞くのははじめてだ。

もう一つはヒカゲノカズラについてで、私がリュックサックのポケットに入れて持ち歩いているこの草を見せられてちよさんは、ヤマンバノタスキとしごく楽しい名前を披露する。ついでこれの用向きについて、「悪病入らんといって家の入り口に吊ってある家があった」といった。

ヒカゲノカズラは柔らかい草だが、ちょっと見に杉の葉のような姿をし、右に伸びたら、次は枝分かれして左に伸び、また右にというようにして、杉林の下の地などを長く長く紐のように這って行くものだ。草緑色のきれいな草で、それが帯のようでも襷《たすき》のようでもあるというので、「山姥の襷《たすき》」とか、「山の神の襷」とかの名も呼ばれる。

この草も面白い草だ。どういうわけか厄除けの性格を持つ。前に九州五木村でも、病気がはやった折家の入口に張った話を聞いた。それ以来、私にはこの草が気にかかるものの一つになっていたのだが、この度も熊野に入って新しい事例に出合った。

このあたりではオニノクチヒゲなどという、これも楽しい名で呼び、節分にイワシ頭やらヒイラギ枝やらとともに家の出入口に掲げ置くのであった。じっさい、ここに至る前に通った三重県側の紀和町板屋とか、和歌山に入っての熊野川町請川《うけがわ》などでは、ほとんど軒並みといっていいほどにこれが吊るしあったものだ。

ただ、ちよさんはじっさいにその張ったところは見ていないそうだ。この人の一五、六の頃、たいへんな勢いで風邪がはやったことがあった。どの家にも風邪の入りこまないところはなく、雨戸のあいた家がないぐらいだった。ちよさんもかかり、長いこと頭が痛かった。この折、同じ上葛川内ながら、少し離れて小字なしている一画の、森下という家では、ヤマンバノタスキを入口に張り、この一家だけは風邪を免れたともっぱらの噂だったという。

薄暗くなりかけてから民宿に行く。こんな山中の部落に宿屋があるのだ。しかしこの民宿は良くなかった。ちよさんの家から電話してもらっておいたのに、玄関に鍵がかかっている。出て来た中年の奥さんは、先に立ってつけ足し、つけ足ししたような細い廊下をどこやらに消え、二階とおぼしきあたりからもどかしそうに「どうぞ」「どうぞ」というが、こちらは足許が暗くて動けない。電灯がないのかと思ったら、後で見るに幾つも用意があるのだ。

部屋にこたつがあったのは幸いだけれど、そのこたつ、寝る時は廊下に出して下さいという。倒したり組んだりするのは何とも厄介で、コードを出しておいたらいいでしょうといってみるが、何かの力を頼みにしているような口調で「決められたことですから」といって去る。後で気付くに、階段の上がって正面に一〇何か条の注意事項が記された額があり、その一項に、暖房具を廊下に出す件もちゃんとあった。それから最後にこうもあった。

「右のこと守られない方には宿をお断わりすることもあります」

よっぽど悪い人間が泊まりに来るらしい。

夕食も粗末だった。大根おろしでもいいですからといちばん簡単なものをと頼むと、大根がない。それなら人参下さい、かじりますからといえば、畑に行けば幾らだってあるんだけどと答える。まだ宿屋稼業が不馴れなのかと問えばもう一四、五年にもなる。夏期には盛況、泊まりきれないほどの客があるそうだ。

## ワリナ

三月三日

朝一人の男性を訪ねた後、またちよさんの家に行く。昨日お暇する前に帰って来られたこの家の主婦、和子さんがこたつに横になっていて、昨日までの疲れ取りだと笑っていう。おばあさん同様、子守に奮戦したさまを一語りするが、しかしこちらはそうさせられたのも幸せなようだ。ことに下の男の子は、来た時はやっと歩くだけだったのに、毎日外に連れ出したので、陽には焼けるし、足が達者になり、別の子のようになって両親を大いに驚かせたと。

和子さんは昭和のはじめ生れか、昨日うかがった死産婦の腹をクズカズラで巻くことを知っているかどうか尋ねてみると、それは初耳だ、しかし、クズカズラを腰に巻くな、とは娘の頃からしょっちゅういわれた。どうしてクズカズラがいけないのかと思っていたが、そのせいだったのかと、しきりに合点する。

昼近く、まだ寝巻のままだった和子さんが着替えて来て、餅をどっさり焼いてくれた。ただの餅ではない。栃餅と、ナンバ（トウモロコシ）餅とキビ餅だ。栃餅はほんのりグレーっぽい。ところどころに黒いものが混じっている。これは実を包む表皮で、この黒が白くなるまでさわしてしまったら栃の味がなくなるのだと宇江さんが話していた。ナンバ餅もキビ餅も黄色だが、ナンバの方が濃い黄色で、キビは淡い。このキビ餅が香ばしさの中に甘みもあって、私にはいちばんうまかった。キビにトウキビとイナキビとがあって、餅に使ったのはその後者の方だという。

イナキビとは耳馴れぬ名だ。あれこれ形状問うのに、和子さんが種子にするに取ってあるのがあるといって穂だけを一束持って来てくれた。わずかに縦長の実で、短いノゲまであり、色もトウキビの輝く赤と違って乾いた薄土色、それがちょうど稲穂のように枝分かれした穂先に固まりつき頭垂れる。いかさまそれで、「稲キビ」なのであろう。またの名コメキビともいうと。

トウモロコシをナンバと呼ぶのは面白い。おそらく「南蛮もろこし」というのであろう。山形の私の田舎（東村山郡山辺町）でなら、唐辛子がナンバであった。トウ（唐）とナンバン（南蛮）とはその位置を変りやすいのだろう。ナンバ餅はナンバを粉にしたのに餅米粉か、またはトウキビの粉を半々混ぜ、蒸して搗いたものだという。粉にするのはしかし、今はやっているような甘い外来種ではなく、元からある粒のこまい丸々したものの方でないと駄目だそうだ。

和子さんは小皿に塩と砂糖を添えてくれ、餅の食べようをこのようにすればよいとすすめてくれた。

茶碗に焼餅を二つ、三つ入れ、塩を一つまみ加えて熱い番茶を注ぐ。香ばしくておいしいらしい。私たちの餅の食べ方はもっぱらこれだと。ほんとうの餅党でないこちらは、湯で柔くするよりはかたい方がいい。丸餅一つの半分を教えられたようにやった他は、一方の砂糖もつけず、それぞれの生《き》の持ち味をあじわった。

午後は、昼食に続いて食べ物の話になった。このあたりは里芋をホイモと呼ぶ。他の芋類に比べて中心的な芋（本芋）の意であろうか。山畑にずいぶん多く作った。種類もクニナカイモ（今はオヤイタタギという）、ヤツガシラ（茎うまい、わせ）、ヒュウガ、タケノコイモ、マイモ（親株はおいしくないが、子芋食べる）と数々ある。

また茎、つまりズイキも大量作って食べた。その名をワリナというのは珍しい。どうしてこんな名になったかと話を聞きながら不思議がっていたが、その製法を伺うに及んで疑問は氷解。こちらでは皮をむかずに一本を何本にも細く割って干すのだ。その割り方が面白い。親指と人差指の間に木綿糸を張り、両端はそれぞれ指にしばって、それを刃のようにして茎に当てる。芋がらは外皮はかたいけれど、中身はごく柔らかい、そしてみずみずしいスポンジのようなものだから、糸一本でも充分切れる。

これはおばあさんのちよさんの語るところだが、傍の和子さんのやったのはまた少し違う。Ｙ字型の木の股に針金を渡した道具を作ってそれで割ったという。ちょうど男の子の遊ぶパチンコほどの股木を使うのらしい。これなら指を張りつめての疲れも、また受ける抵抗も少なくてずっと能率も上がったことだろう。干したワリナは食べる時ちょっと戻して切り、茹でて酢味噌合えとか三杯酢にする。

和子さんが、さらに身仕度を整え、地下足袋をはいて家まわりの仕事に取りかかりがてらに、ワリナの干したの一連持って来てくれた。細く裂いたもの半摑みほどずつを藁二、三本で五、六段に編んである。一本はかなり細い。生の茎一本を七つ、八つに割るという。和子さんがうちではみんなこういう仕事はおばあさんがやってくれるのだと先刻から披瀝していたが、してみるとこのワリナは間違いなく指の間に張られた糸で割られているのだろう。

和子さんがワリナを土産にくれるという。「少し」とは遠慮していってみたが、一段二段藁から抜きながら、「全部だっていいのに」というのに、それならいっそ編んだままの姿で下さいと前言取消し、ありがたく頂戴した。

里芋の茎には、いま一つ食べるところがあった。生の茎は中になるほどお互い抱き合い、かたく巻いて、最後の一、二本はまだ陽の目も見ずにすっかり中に取りこめられている。生のうちなどははがすも不可能で、私の生れた山形でも、また今住んでいる秩父などでも、これは相手にせずすててしまうのだけれど、ここではこの中芯も細かく刻んで干しておく。そして食べる時水につけ、麦飯の煮上がって水ひける頃に上にのせてかてにする。塩も少し入れるそうだ。名前をキリボシという。

こうした人々のつつましさ、二、三年前、岐阜県美濃市の奥で芋柄に関する食べ方を聞いて感動した、それと似たような感情にひたる。奥板山という山麓の村では、茎はもちろんズイキなどにして食べる。

ところがこの茎を切り離した時、芋の方にもいささかの、手でもつまめないような茎の部分がつく。そこにホクセと呼ぶ草取り串をさし、一方にぐるっとねじればぱらりときれいに取れるので、それもまたズイキにしたり、煮て食べるというのであった。

昨日は、この人たちのところに泊めてもらいたかった。宿屋があるというので頼みもなるまいとそちらに行ってしまったが、それはこの人たちも同じ気持だったらしい。私が宿に向かった後二人して、うちに泊めてやればよかったと気の毒がってくれたという。そんなことで和子さん夕方近くなったら、泊まっていっていいよといってくれる。昨日から長いこと居続けで、こちらはさすがに言い出しかねて靴をはきかけていたのだった。

そうと決まったらという風で、ちよさんが台所に立った。三升だきもの大鍋いっぱいに煮〆を煮てくれたのだった。お昼にも煮〆の残りがあり、残りだからと出ししぶるのを私はお代りしていただいた。和子さんはしきりにおばあさんは煮物がほんとうに上手だ。私はおばあさん煮てくれたのが大好きなのだと、少しのおもねりの空気なくいっていた。あれはいい。こんなことをいわれたら、誰だってまた喜んで作ってやりたくなるだろう。

私は最前、和子さんの持病に玄米食をすすめたこともあってそれを炊くことになった。玄米なら家で取ったのがいくらもあるし、圧力鍋もちょうどあるのだった。

私は自分が普段よくやるように小豆を少し入れて炊いた。出来た飯は勝手が違って柔らかかったが、それでも好評。わけてもおばあさんは、「お陰でこんなおいしいものがいただけた。うちでは息子が混ぜ飯をいやがるので滅多にしたこともない。そのせいもあってわけても珍しくおいしい」と喜んでくれる。

しかし、当の息子の秀良さん、しかけた食事も中断して、さも楽しみなようにして炊き上がるのを待っていてくれたのだが、小豆の入った飯を見たとたん、大いに落胆のさま示し、茶粥の方に向きを変えた。

## 神納川

三月四日

朝食後下に出る用があるという秀良さんの車に便乗し、途中部落部落に寄って行きたいと、まずは小川で降ろしてもらう。小川という地名からの印象か川沿いの平地のように思っていたが、ここも十津川特有の傾斜地だ。それもかなりきつい。その傾斜地に家はわずか六、七軒、人に聞いて、中ではいちばん立派な家の明治三五年生れのこまさんを訪ねる。

中年の嫁さんと二人、こたつに入っていた。こまさんはしかしここの生れではなく、村では中心地の小原生れ、女学校も出ているらしく、古い習俗の話などはほとんど出ない。友だちでも寄ってくれないものかと、茶飲みに集まることなどあるのですかと問うてみると、そういうことはまるっきりしない。直ぐ隣家にも自分より二つ若いおばあさんがいるのだけれど、この人の顔だってもう一年も見ていない。もう一人自分たちほどのおばあさんが少し離れた上の方にいるが、この婆さんとなどは三、四年は逢っていないという。この狭い部落で、これは何とも驚くことだ。こまさんが足が悪くなって少しも外に出ないのが一つの理由だが、しかしそればかりなのではない。「隣のおばあさんとは子やしない（子育て）する頃は日に何度となく行き来していたのだが、今はその用もない。もし用があったとしても電話で話せるからいい。それにテレビがあるからお互い退屈することがない」と。

けれどもその婆さんを呼んでみましょうかといって、こまさんは手馴れた様子で電話機を操った。二分とたたないうちに彼女が現れたから、ほんとうに家は並ぶようにしてあるのだろう。おえいさんというこの人もこの地生れではない。熊野の人で、両親と一家して各地を転々として炭を焼いてまわり、とうとうこの地に落着いた。その居所を定めたことを「すわった」と表現しているのは耳珍しい。
「十津川にすわったんや」、「ここに家買ってすわって……」と。

ここでも、昼に栃餅の接待を受ける。また大豆の変った食べ方に会う。食卓の常備に、かなり濃いしょう油の汁にひたした大豆があった。それほどかたくはないが、さりとて煮たほど柔くない。歯ごたえがあって味が濃くおいしい。しょうゆと酒を煮立て、それに大豆を炒って、熱いままを汁に入れるだけという。じきに豆が汁気を吸い柔らかくなる。山形ではよく大豆を油で炒って、味噌を加えた「油味噌」というのを作った。あの豆も日を置くと半ば柔くなったが、あんなようだ。

もう一部落ぐらい寄りたいと、川筋を変えたいちばん奥の片川まで行くことにする。止まってくれた乗用車の主は片川の人、大阪だか神戸だかにいたが、奥さん亡くなったので二人の子どもをこちらの親元に預けていた。最近自分もこちらに戻り、製麵業をはじめるところなのだという。

片川は流れの直ぐ際《きわ》にある、珍しく平らな地だ。先刻の男性が、村で年寄はこの人だけというちよさん（明治三九年生れ）を紹介してくれる。しかしどうにも会話は広がらない。この家には潜り戸のついた門がある、その門外にツチアケビを吊るしてあるのは何かいわくがありそうだ。ツチアケビは四〇センチばかりの草丈のものにアケビを小さくした、唐辛子みたいな真赤な実が一〇も一五もつく。この家のは、その赤色は影もとどめず全体土気色にあせているから、一年も下がったままなのだろう。

名前を問うと、「やまんばのしゃくじょう」と答える。ヒカゲノカズラの名は、ここでも「山姥の襷《たすき》」だが、鈴なりに実がぶら下がるところ錫杖《しゃくじょう》に見た。ただしこちらが期待したような特別の意味はない。「珍しいので吊るしてある。薬にもなり、疝気《せんき》にカンゾと煎じて飲む」と。

庭の植木の中には、珍しいヤシャビシャクがある。ここではヤシュウと呼ぶ。丈は三〇センチぐらい、葉はすっかりなくなって赤色の芽がふき出しかけているのに、実が列になって幾つも下がっている。この木は多く立木の上に根下ろし稀なもので、私は岐阜で木は一度眼にしているが、実を見るのははじめてだ。この実なかなか美しい。薄赤い軸、少し長目の小指先ばかりの実は、地がモスグリーン、それに配色よく黄金色の短くもない毛がびっしり生えている。毛は一見刺《とげ》のように見えるが、触ってみれば肌には柔らかい。そして高い香気がある。

この実はよく方々で難産の妊産婦に飲ませると聞く。なぜだろうか。ここではしかしそのようなこともない。ただ、これも薬になり、寒気ふるうのに実を煎じて飲むと。

十津川の本通りに出て、しばらく北に行ったところの湯泉寺《とうせんじ》で宿とる。宿代六千円、私には高い宿であるけれど、料理がたいへんよかった。ボタン鍋がうまかった。肉は猪、こんなに味のある肉らしい肉を食べたのはしばらくぶりだ。汁も、小鍋の底をなめるように吸ってしまったが、ただの味噌ばかりでなく、胡麻だれの加わっている由。

向こうづけも美しかった。ホウレンソウの緑と、炒卵の黄色と、鮭の赤身とほんのいささかずつを酢じめの白身の魚で巻いて切り、切口を上にして二つ並べてある。その外側の魚が味に柔らかさ、甘みがあってしごくうまい。尋ねたら食事下げに来てくれた働き者のような奥さん、「あまごです」と胸張って答えた。

## 三月五日

今日もまたヒッチハイクをする。湯泉地の先から乗せてもらった車は風屋ダムまでなので、またそこから一台拾う。こんどの車は神納川の最奥まで行くというから、しごく都合がよい。熊野と十津川の人男性二人。工事の仕事で出入りしている。彼等にアマゴはどんな魚かを問うと、ヤマメのことでもあり、またアメマスのことでもあるという。これらの類を総称していうのらしく、アマゴは関西広くいう一般的な名、十津川でならアメノオ、アメノウオという。

アマゴといいアメノウオといい、これの名はどうやら舌が受ける感じから出ているのらしい。昨晩うまさを味わった後だから、しぜんとそう思われてくる。他の魚に比べて食べて甘いのでしょうかと伺ってみると、そんなこともないが、ただし、川魚の中ではいちばんに美味であると。「うまい」と「あまい」はもともと一つところから出ているようだから、やはりこれらの名前は、川いちばんの「うまい魚」の意なのであろう。「今がちょうどアマゴ漁に入ったところ、このあたりではどこの宿に泊まっても必ずアマゴが食べられますよ」と二人は断言した。

ダムが途中から川の姿に変り、家も二、三現れて来た。少しまとまった部落で降りたいが、この先もこれと変らないまばらさ、いちばん奥までもそう大した距離ではないというので降りる。雨が本降りになっている。道に近い一軒に寄って様子を聞く。ここは五百瀬《いもぜ》という神納川筋では中心的なところ、しかし戸数はほんの少ししかなく、話を聞くようなしっかりした年寄などいないと、ずいぶん気落ちさせられることをいう。それでもと数人の家を教えてもらう。

こちらから行ってやまてに二人のおばあさん、三浦には上田直一さん、五百瀬の政所《まんどころ》のおばあさん、最奥の杉瀬には中谷象二郎さん。中で上田さんはまだ六〇幾つだが、いちばんよく物を知っているだろうという。だが、この人の家は長い吊橋を渡って向かいの山のおよそてっぺん近くにある。せいぜい急いで登っても小一時間はかかりそうだ。まずはやまてに行く。

山天は名前どおり、道から山手に少し行ったところにある。一人のおばあさんを門のある大きな家に訪ねると、広い土間に出て来た嫁さん、「おばあさんは具合が悪くて」という。それではもう一人のおばあさんの家はと尋ねれば、直ぐ傍の、あの立派な家だが、耳が遠くてまるっきり話にはならない。あちらは、ここのばあさんの姉にあたるという。どうも一つ一つうまくいかない。外は雨で私はまだ昼食をとっていなかったので、せめてそれをすまさせてもらおうといってみると、こちらはしごく気持よく座敷のこたつにあたらせ、熱いお茶を用意してくれた。

この人は昭和一〇年生れ、いくつかのお産のことについて話すが、いずれも記憶がおぼろげ、

「自分の初産の折、後産が降りなかったら箒を逆さにしてどうにかしてくれたようだった。でも柄を自分が握ったものだったか、壁に立てかけてくれたのだったかわからない」

「お産の時はウルシ焚いたようだった。ウルシ焚いて粥煮たのだったろうか」

やってもらっても、自分がやってやることがない世代になると、伝承の力もぐんと弱くなるのだろう。

おばあさんは、こたつに横になったままほんとうに加減悪そうだ。

彼女の紹介で、直ぐ上の天理教の家に行く。奥さんは六〇代で若いがいろいろよく物を覚えているし、それに今日はひのきしんで人が寄っているから、話を聞くのにいいだろうという。ひのきしんとは何でも手間奉仕、労働奉仕のようなことをいうのらしい。個人の家を教場にしていたが、信者の力でちゃんとした教会を建てるところなのだと。

六帖ほどのこたつのある座敷にストーブを二つたいて、男女都合七、八人、煙草の煙もうもう。話しかけるが、誰もみな表情すこぶる固い。仕方なしに心にかかっている幾つかだけを質問する。お産で子を腹に持ったまま死んだ時、クズカズラを巻いてやることなどなかったですかと問うに、女主代表して「そんなことなかった」と、心外のさまして答う。しかし、中の一人の小柄な男性が「いやあった」と口開く。この人は良夫さんといって昭和四年生れ。

「前《さき》の家内が八か月の身重で死んだ。お産で死んだのではなかったけれど、こういう場合はどう処置すればよいのかと相談したが誰もわからない。その家内は西川から来ていた。そしたら西川の里方の者が『クズカズラで巻けば身い分けんでもいい』といった。西川ではそうするやり方だと。それでクズカズラ帯のようにして巻いてやった」

こうしてみると、西川筋の方がより古風さを残しているように思われる。やけに煙草をふかす中年寄ぐらいの女性、「この辺で他と違うことといったら葬式に鉄砲うつことじゃないの」という。葬列が家から出る折、空砲放ち、鉄砲を持つ者は列の先頭に立って、途中も三、四発うち、墓に着いては棺に入れる前、穴に向かってうつと。

宇江さんのところであったか、十津川に関しての本に、葬式に鉄砲うつとあったのはこの地のことであったかと会得する。

夕方までかかって後二人も訪ねるが得るところなし。五百瀬の民宿たまやに投宿す。夕餉の膳にアメノウオの煮物一尾。

# 西川

三月六日

民宿たまやの主《あるじ》が車で下へ出るというので、便乗して十津川本流まで戻る。これから西川筋に入ろうとするが、そこまではまだまだたいへんな距離だから、もっぱら車を拾っていたろうとする。

はじめに止まってくれたのは一人の男性、五条の方に工事で入っていたが、今日早く終った。温泉があり、一〇〇円で入れるところがあると人々いうもので、つかって帰ろうと思ってという。いちばん上の温泉というから、一昨日私の泊まった湯泉地《とうせんじ》だ。道下に公衆浴場があり、入浴料一〇〇円とあった、あれだろう。いささか先輩の顔をして道の案内をした。

湯泉地から十津川に沿っての本街道では、さすがに車がなかなか止まってくれない。このあたりはバスだってあるだろうし、虫がよすぎるかと思っていた頃、ライトバンが止まってくれた。ことば少なの中年のこの人、ずっと下になって行先を問い、自分も西川だという。西川筋にも幾つかの集落があるそのほぼ中ほど永井という部落であると。

断然そこまでのせて行ってくれるように頼む。私はおだやかなこの人にすっかり甘え、お家に寄って昼飯を食べさせてもらっていいでしょうかと無心する。宿屋に泊まった折はたいていそうするのだが、今朝も朝飯の残りを一つむすびにしていた。しかし、お菜が何もないので、どこかの家で汁の残りなと、漬物なと恵んでもらいたい望みなのである。これに対してあくまでも心おだやかな車の持主は易く請け合い、しかもこうつけ加えた。

「泊まったってもいいよ」

玉置《たまき》さんというこちらの御家族は、みな何とも気持のいい人たちだった。奥さんの敬子さんは、はなから顔を明るくして迎え入れてくれた。昼飯がちょうど終ったところらしかったが、まだ食卓にあった大鍋のおでんをたっぷりいただき、少し長いおしゃべりをした。敬子さんは「泊まっていったらいいですよ」といってくれる。

隣の座敷には、御両親がコタツに入ってテレビを見ておられる。二人とも八〇を過ぎていて話を聞くのにちょうどよいと思ったが、お母さんのうめさんは大病の後で記憶がすっかり心許なくなったといい、お父さんはよほど耳が遠い。それで私と会話をするといったら、直ぐに敬子さん来いと補聴器代りに嫁さんを呼ぶのだが、これに対して敬子さんははいはい応じ、ざっくばらんに大声上げて笑い、この人たちの間はすこぶる和気あいあいとしている。ここには古くから伝わる風流〝大踊〟というのがある。お父さんはその保存会長で、敬子さんは踊り手の一人であると。

神納川の民宿の奥さんは西川出であった。この人の話に西川の里（西中）にいた時分は節分に竹をはしらかせたというのが珍しかった。それを話題にすると、こちらでは竹ではなく鉄砲をうったという。火薬をこめて空向けて空砲を放つ。うめさんの小学三年ぐらいまでは、鉄砲持つ家はどこでもこれをやったと。

しかし、鉄砲などという道具はしごく新しいのだから、とうぜん竹が古風なのだろう。うめさんは後から、そういえば道きしとかさこ（谷）みたいなところで孟宗竹を燃している家もあったなどと思い出してくれた。また敬子さんは、海の傍の新宮から嫁いでおられる。新宮の権現さんでも節分の夜は家々で納めた古札を燃し、その上に青竹長いままのを何本でもくべて、大きな音立てていると語った。

一方、それなら葬式にも鉄砲うつのかとうかがえば、それはこちらではない。ただし、川合神社の遷宮には鉄砲うつ。遷宮は決まって夜中行なわれ、各字《あざ》から二人ぐらいずつが警護につく。この者ら道の左右に居並び、遷宮の間、通して鉄砲空向けて放つものであると。節分にしても、葬式にしても、また神の道行きにしても、破裂音や、鉄砲のたまげる音立てて邪悪なものを追っ払おうとする趣旨は一つなのであろう。

夕食後、敬子さんと和良さん夫婦が温泉に連れて行ってくれるという。上湯川の川原に誰が入っても構わない温泉があることは、先刻車の中で案内受けていた。少し遠いが、今は車なので西川の人たちは時々湯に入りに行く。敬子さんの用意したものはローソクにマッチ、道から河原まで坂を下りるそうで懐中電燈、石鹼、バスタオルに、三人分のタオル、それから二人の着替え用下着一式。こちらは洗濯したばかりだといって着たまま。

車で一五分ぐらいかかったからほぼ二里近くあろうか。あたり一帯真暗でどこがどうか見当がつかない。河原の山際にビニールの波形板などで四角に屋根壁囲ったところがあり、これが温泉らしい。入口少し手前の石上に戸板一枚ぐらいのベニヤ板が寝かせてあり、これに脱いだ着物を置く。先に入った敬子さんがロウソク灯して壁についた棚にのせた。

湯舟はコンクリートで出来ている。少々ぬるいがたっぷりしていて、何よりもローソクのゆらめく中でひたるのが大いに趣があった。この湯は十津川温泉でひくあまり湯であるという。はじめはほんとうに露天であったのだが、雨の日にでも入れるようにと屋根をつけるついでに四周も囲ってしまったらしい。それだけは少し残念だ。川の流れを目の前に聞くだけで、中からはまったくうかがえない。しばらくしたら人声がし、電燈の光行き交い、相客が来た気配だったが、そうではなく若い男たちがキャンプを設営するところなのだった。着物のあるところまで裸で飛び出したから向こうは驚いたろう。敬子さんたちは下の物だけは中で脱ぎ着するのだった。

ここの湯は、いくら時間がたっても湯冷めがしないのが嬉しいと敬子さんがしきりに賞でていたとおり、時間をかけて帰っても、少しも冷めた思いをせずあったまった体で床に入ることが出来た。

## 三月七日

朝起きたら和良さんはもう出かけていた。早い時には五時頃にも出る。でもどんなに早立ちの時でも、行ってくるよと、両親に声かけないで出た時はないとうめさんが教える。うめさんは、家の前の平らなところだけは杖なしでもそろそろ歩けるていどだ。雀の賑やかに騒ぎ立てているところをさして、ほらあんなによけいい、い、い、いたくらが、という。雀に対するイタクラの称を聞くようになったのは、三重県熊野に入ってからであった。

イタクラとはずいぶん奇妙な名だが、三重の西端、紀和町平谷では「倉におもすくった」と聞いた。それ以来イタクラのクラは倉であろうと私はあらかた決めてかかっている。うめさんも「倉のあるとこよけいおったの」という。倉は旦那衆のところにしかないが、土壁で、上部もすっかり土で固めた上に屋根がのっかっている。その合いさに巣をかけるのだと。

部落は西川に沿い、こちらの家も後ろに直ぐ川を背負っているせいでか、白黒のセキレイも多く飛ぶ。これの名前は変らずにセキレイだ。このあたりでは杉皮屋根にセキレイが巣かけることがある。しかし、イタクラが追い立てるという。

うめさんは父親がなくて育った。父なる人は広島の人で、米を運ぶ荷役人であったが、まだ彼女が生れる前に広島に帰って、その後ついに十津川に戻ることがなかったのだという。父なし子と変らない思いこみで、うめさんは淋しい子ども・娘時代を過ごしたらしい。みんなに後ろ指さされているようでいっそ人前に出ることが出来なんだという。そんなだから、父親にも逢いたいとなどは考えなかったが、身近な者たちが役場ごとに問い合わせの手紙出して、何年か前にやっと捜しあてた。父親はその少し前に死んでしまっていたが、うめさんたち家族はバスを仕立ててお詣りに行って来た。向こうに家を持っており、自分の兄弟もおったわ、とうめさんはいう。

ところでうめさんは、父親の墓詣りをして来たというのをこのように表現した。

「行ってはな折って来たわ」

墓詣りをさしてハナオリという、この何ともゆかしいことばも、たまたまなることか、イタクラを耳にした地域とちょうど重なっている。熊野市の神山町や育生町《いくせいちょう》では、葬式にお詣りに行くのを「はなおりに行く」という。それで葬式をさしてハナオリとも称し、「今日はあそこのはなおりじゃ」、「いついっかはなおりじゃ」というと。また、うめさんが、はな折って来たといったように、オリは動詞なのであるらしい。紀和町平谷では、こうも聞いた。「としびにははなおられん」。年日とは自分の生れた日まわりのことのようだ。

ハナオリの称のいわれを心づかせられるようなことも、平谷で聞いていたのだった。こちらでは葬式に墓でお詣りする者には、コハナ（シキミ）枝か、線香を渡す。それを墓に供えて拝むものだと。このあたり仏の花にするというのはみなコハナ、つまりシキミなのである。葬式ばかりでなく、墓詣りには決まってこの香あるハナ・コハナを折って行って供える。多分にハナオリの称は、これより出ているのであろう。

# 出谷

## 出谷（一）

西川の玉置さんのお宅では、朝になると、もっと泊まって行けといってくれるので、それに甘えて長居をし、昨日は出ようとしたら雨でまた一日おまけをした。今日もやはり雨だったが出て来た。雨は大して量が多くない。乾いた土も木々の幹もビロードの手触りに変えるような柔らかいしとしと雨だ。昨日は、敬子さんは奥の部屋で裁縫をし、私は居間でカードの整理などをさせてもらっていた。そしたら真ん中の座敷にいるお母さんが、敬子さんにこんなに教えている声が聞えた。

「こういう雨をきのめうましというんじゃ」

〝木の芽うまし〟とは、何という優しいものいいであろうか。気温はだいぶあがってきたとはいえ、木々の枝先はなお警戒するごとく固く固く閉ざしたままだ。それが柔らかい雨になぶられてやっと身を開き時とは知るのであろう。

上湯川沿いになって、先日連れて来てもらった河原の温泉はどのあたりだったかと注意しながら歩んだが、見付けないまま通り過ぎたらしい。少しばかりの雨なのに水の量は増え、その川の上に向こう岸からロープを渡して箱ようのを取りつけたのがある。ヤエンというものであろう。人をも渡すのであろうか。

部落が見えて来た。入口に河原に下りる階段がありそこに温泉があるらしい。その降り口に料金箱が取りつけられている。玉置さんたちが、もう少し遠くまで行けば一〇〇円出すけれど立派な湯があるといったのはこれだろう。料金箱に付した口上書きに、水が出て入れない時がありますから、料金は帰りに入れて下さいとあった。

集落に入ったところから道は急に山向けて坂になり、そしてその坂のてっぺんに三、四階建ての大きなホテルが空ふさぐようにして建つ。一方、道にへばりつくようにして平屋のあるのは民宿橋本屋、ここにおばあさんがいると聞いていたので寄る。しかし、忙しい人なのだろう、具合が悪くてとあっさり断わられた。川向こうのあの家にも年寄がいるからという。ほんとうに、川中にせり出した山にしがみつくようにして一軒の平屋が見える。

千代子さんは、こたつに入って割箸を袋に詰める内職をしていた。年寄というほどではない。大正生れの人である。話の取りつきに河原の温泉のことをいいかけると、千代子さん、行って見られたかと問うたあと、今日は湯があついという。雨が降って水が出たら湯も豊富に出、またあついと。同じ河原にあるのだから、水の出とも呼応しあうのだろうが面白いことだ。

ここの温泉は女湯もありしごく立派だという。前は男湯ばかりで、それも三、四人しか入れない小さいものだから、男が入っていれば女は外で待つようで不便だったが、今はたいへんよくなったという。この女湯が出来るについてはいきさつがある。ある年の夏頃、村の人が河原で乞食のような人を拾った。湯に入ったりして河原で寝るというのであったが、家にお泊まりなんしといって伴い世話をした。

ところがこの人は乞食ではなく、大阪の大きな浴衣を作る会社の社長さんだった。それ以来この人はここがすっかり気に入り、何度か訪れているうちに女湯のないのを気の毒がって、もう一つ大きな風呂を作ってくれた。大型の機械を入れたのであっという間に出来た。人がただ作ってくれたものに入る人から銭をとるのは申し訳ないのだけれどと、千代子さんは自分が取立てているような恥ずかしげな顔をしていう。

入浴料一〇〇円のうち七〇円だかを部落の財源に、あとを管理費にあてている。千代子さんも含めて女三人ほどが毎日交替で掃除をする。これをしないと底がぬるぬるして気持が悪い。また川の水が出ると、湯舟も川も一緒になり、砂が入り込んで、それを掻き出すのが大仕事だ。これを奉仕でやっているという。しかしやり甲斐もあることには年々客が増え、遠いところからも来て喜んでくれ、そして、年間の部落に入る入浴料も馬鹿にならないものだと。

昼になり、勝手でむすびを食べさせてもらう。食卓にさつま芋切干の煮たのがあり、甘くておいしい。

切干を煮る風は関東にはないようだ。無遠慮にいただいてから、こちらで取られた芋ですかと問うと、いや買った。うちでは何も作らない。野菜も全部買ってばかりだという。自分の土地を少しも持たない。家の建つこの地所だって、山のてっぺんに神社がある、その神社の土地を借りているのだという。この広大な山中にあって我が土地を持たない、さらに、毎日食べる野菜ばかりも作る手だてがなされていないというのは私などにはどうでも理解出来ない。

畑借りてはどうですかといってみると、前はそうしていた。山を借りて開墾して立派な畑にしたりした。しかし、いい畑になると貸し手が惜しみ出したりで気遣いだからそれもすっかりやめてしまったという。千代子さんの家も昔は多くの土地を持っていたらしいのだが、貞次郎というおじいさんが無類のお人よし（それで人間よければ〝貞次郎じいか〟というぐらいだった）、請負いがいずれも損をし、それなのに人連れて平谷のこうやで酒を飲んで土地をすっかり人手に渡した。その後を継いだお父さんが若くして死んだことも、ふたたび土地を入手する機会を遠ざけたのかも知れない。

お父さんは千代子さんの一七の秋から病みつき、二〇歳の節分の前日、二日の晩日暮に死んだ。肺病だったので誰にも来てもらわず、家族だけで一晩過ごした。千代子さんは長女で、下は妹たちばかりなのである。今白浜にいる父のない子を前に抱いてこたつにあたったまま、あの時ぐらいさむしかったことないという。雨戸が開いてるのもわかっていたが閉めに立つことも出来なかった。さむしいて、恐ろしいて。

翌日親戚の人たち来て普通どおり葬式出してくれたが、悔やみに寄った人たち、みな巻袖で鼻や口覆ってた。肺病は死んだ時、病の元なるもの外に出るといわれている。棺には糊つけ、紙で目張りした。その上に日おいと呼ぶ屋形をのせて運ぶ。葬列は谷のとこ斜めに上がる。橋があって、田んぼがあり、その小口、小さい道をまわる。ここで棺重くなって先進まなくなった。こんなんでは棺まくるのではないかと心配なって、何かまわず列から進み出て、棺を叩いて何にも思い残さず行くとこ行ってくれ。あとは引き受けたといった。そのせいでか棺無事に進んだ。こうしたこと自分は忘れていたが、こっぺろくの爺さんが後から語ってくれたのだ。

お母さんは血の道であまり働けなかったので、千代子さんはすぐ下の妹と二人で主に荷役をして一家を養ったのらしい。

右の話に出たこっぺろくとは仇名だという。意味はわからない。以前はどこの家にも仇名がついていた。千代子さんの父親は〝せんみつ〟であった。千いううちの三つしか本当がないの意だ。おじいさんは〝じいて〟だった。こちらでは「そうだ」と人の話に合槌うつような時「じゃあて」という。それをじいさんは「じいて」といった。上の家は〝てのひら〟、掌返すよう言動変えるから。

〝二代狸〟というのは〝狸〟といっていた家に養子に来たから。その向こうが〝よいしょこの〟「よいしょ、こらよ」と三味線をひいて歌をうたう。その息子が〝じゅうせん寺坊主〟、じゅうせん寺滝という、古寺跡の地あり、その地所を継いだ。〝ししばち〟、ふぐりが大きい。しし蜂は大きな瓶のような巣を作る蜂である。〝ししばち〟の息子が〝まんぱち〟これもせんみつと同じことで嘘つきのことだ。その隣が〝なかうちないとう〟、白痴で、ないとうないとうおめいた。〝こんぺんとう〟というのは頭に瘤があったから、その隣が最初にいう〝こっぺろく〟、これの息子は〝ひゅうち〟これも意味がわからないそうだ。股を左右に開いて足裏と足裏を合わせるような坐り方を「ひゅうち坐り」という。それと関係あろうか。その隣が〝くさっぴい〟人をくさす。また隣が〝ちょうちょ〟、ちょうちょ（蛾）が灯を消すように灯をもったいないと消してまわる。ホテル、上湯荘の先代は〝じゃっかん〟だった。「若干」が口ぐせ。

あんまり面白いので他の部落はどうだったかと問うと、他の在所は知らない。しかし、一つ奥の殿井には〝ちょうちんでこ〟という人もいた。これは提灯のような顔をしている。それから〝しらら〟というのは文武館の館長をした武助さんをいうのだった。文武館は平谷にあり、今は十津川村の高等学校になっている。シララは小さいのにようさえずる鳥でやかましいと。シララは他の人からは頭を下に、木に逆しに止まると聞いたからゴジュウガラであろうか。チララー、チララーさえずると。

## 出谷（二）

千代子さんのところに来る前に寄って来た橋本屋のおばあさんは八〇を過ぎているのに、一人で旅館をやっている（子や孫が時々手伝いに来る）、達者な人だという。一一人の子を産み、それがみんな元気でいる幸せな人でもあるといい、千代子さんはその子を数え上げるのに、太郎、次郎、三郎と、読んで行くのが珍しい。どのあたりからであったか、一番息子、二番息子をさして、太郎、次郎の称を聞くようになっていた。

「これがうちの太郎です」とか、「今次郎は大阪にいるから」などという。橋本屋の息子さんたちは一郎が一雄の名前、二郎がけんぞう、三郎がけい三郎、四郎がちかはる、五郎がしょう五郎、六郎が十郎、七郎が、じゅういちだという。十郎、じゅういちの名になったのは間の女子の数も入れたものらしい。じゅういちさんは重一とでも書くのであろうか。八郎為朝とか、九郎義経とか、名前の一部のように見ていたが、八番目の子、九番目の子といっていたのだったこと思い知らされる。

千代子さんは、話をする間にも内職の手を休めない。裸の割箸を一つ一つの小袋に入れ、それを一二膳、表は表にして等間隔にずらせながら重ねて行き、それをそっくりビニールの袋に押し入れて封をして終る。大して神経の使うものでないから、こちらも折々手伝いながら話を聞いている。十津川は近年村が栄えない。それというのは、排仏毀釈に村中で四〇だかあった寺々を全部なくしたからだと人々いっている。

この上湯川の上にも幾つか寺があって、そこで放り投げた仏像たち、少し下の大きな淵のあるところで七日七夜さまよっていた、という。材木が高値の頃はそれは景気が良かったのだが、今はまるっきり勢いなくした。山の木が売れないのはどうなっているのか、この割箸だって中国から来てるのですぜと、割箸の詰まった箱の中国地名の外書きを見せる。内職の手間は一袋詰めて三円二〇銭だという。一〇袋で一束とし、一日たいてい五束ほどの量。つまり五〇袋、一六〇円になる。

千代子さんはこの内職は一二月にはじめたばかりだ。その月半ばからやった手間賃がもらってあるといって小さな仏壇からひねった紙包みを広げて見せた。そこには幾箱（一六束）、何束と細かい明細がついて二千七百何十何円の金額がある。彼女は少しばかりのものでもまとめてみると、こんなにもなるでしょうといって、またそれを押しいただいてから厨子の中に戻した。

仕事の合間に、千代子さんはよく煙草をすう。娘の時、父親の煙草をしょしゃ（たわむれに）取ってすって以来やめられなくなった。昔はよくカシの葉で刻み煙草を巻いてすうものだったという。名前をシバマキという。カシにはハビロといって葉の横に広いのがある。それを三角型に巻いてすう。雨から晴れに天気変る時には、ことにパチパチはしれる。「何ともいえん味するぜ」と彼女はいう。カシの他には椿の葉も使う。

母方の祖父は北海道に移り住んだが、あちらに椿がないといって何度か千代子さんは送ったことがあるという。このことは、西川、玉置さんの近くの玉垣内の田ノ岡吉広さんにうかがったことでもあった。彼は、椿よりはカシの葉の方がうまいといった。カシは香がある。これをちょっと火にあぶって三角に巻いてすう。パチパチ音し、一回ごとに葉替える。たばこ好きな人は二〇枚、三〇枚ポケットに入れてたと。またうめさんも、千代子さんと似たことをいっていた。大阪住吉におばがおり、以前はカシの葉を時々送ったと。ただ懐かしいだけでなく、きっとうま味があったのだろう。

このハビロの実が食べられたという。干した実を叩いて板箕《いたみ》でひって皮除き、それからもよう乾して石臼で挽いて粉にする。それを布袋に入れてザルにのせ、上から水をとぼとぼ垂らして二、三日置く。それを団子などにして食べる。ハビロガシの実がしなこくて味いい。ホーソガシは実は大きいがすがすしてまずい。自分は「ハビロしか食べたことない」と。ホーソガシに熊野でハボソと呼んでいたものだろうか。葉が竹の葉のようにほそい。

熊野市の北部山間地帯のそのあたりでもカシの実は食べるのだった。ただしこちらでは糧《かて》とよりは、茶の代用のようにするのだった。干したら皮が割れるので搗いて皮をとり、中身を臼で搗いて粉にし、少しずつ粥に入れる。色もついて茶粥と同じようになる。紀伊半島一帯では茶粥を常食にするのだが、茶の足りない人などはよくこれをした。カシの実の方が米がしまってうまい。また他に「寒ざらし」といって一週間ほど水につけてさらしたのはへえばら（冷腹）の薬にすると。この地方よりは十津川の方がより食料事情は逼迫していた、もしくは古風さが見られるといえるのであろう。

夕方、宿の心配をする時とはなって、千代子さんが橋本屋に電話してくれた。しかし都合が悪いとかで断わられた。もう一軒民宿があるといってそちらにも電話入れてくれたが、こちらも奥さんが上湯荘に手伝いに行っているとて駄目。当の上湯荘はもちろん部屋はあるはずだが、大金出さねばならないといって千代子さんははなから数の内に入れていない。私も何とかこの家に泊めてもらうのが望みなので黙っていた。とうとう一人暮らしの友だちのところにも頼みこんでくれたが、これも不首尾だった。千代子さんは息子さん家族と一緒に住んでおり、そちらに気がねがあるのである。しかし、揃って土方仕事から帰って来た若い人たちは許してくれて、私はもてなしてもらった。

夕食後、千代子さんに温泉に連れて行ってもらった。道からはずいぶん下まで降りて行く。湯につかった後の体にこの登りは少々きついと。川の水もすぐ足許に来そうなところに、コンクリート囲いをまわして男湯、その下に女湯、こちらはほんとうに堂々たるものだ。とんでもない大岩が一つせり出しているのを背に、そのまわりにごく自然なさまにゆったりした湯が張られている。湯槽の底もまわりも、洗い場も、美しい緑の川石で埋めてあるのも心地よいし、また、同じ河原の石で低い壁築いたところが一面、河口に向かって大きく開いているのがいい。ここをまたいで河原にも出られそうだ。後ろ壁、少し高い岩上には小さい黒木の厨子があり、木の観音様だかをまつってあるという。それらは薄い湯煙の中、岩と一つ色で一向に様子うかがえないが、その前に立ててある花立ての真緑のサカキ葉だけは目立つ。千代子さんはその枝向けて湯を一度、二度両手ですくってしぶきをかけた。

翌朝は日曜で、千代子さんが二キロばかり奥の小学校にゲートボールに行くというので一緒に出る。家から出たばかりのところで、身に余るほどの大きなサカキの枝を担ぎ、重箱を下げた五〇ぐらいの男性に逢う。千代子さんが、何とかのまつりは今日だったのかすっかり失念していた、それなら私も出ないといけないというのに、いや大丈夫だやっておくからといわれている。この男性は金光教の信者である。千代子さんの妹の夫の姉の子にあたる。五人兄弟で父親が幼い時に死ぬ。そんなことでか金光教に入り、平谷にある教会の会長をしている。新宮には大きな教会があるが、ここで二、三年前、お前には文けい坊主がついているといわれた。それから年に一回文けい坊主のいた寺、じゅうせん寺跡でまつりをし、餅をまくという。

　文けい坊主のことは、昨日から千代子さんの話に聞いていたことだ。京都の偉い坊さんだったのだが、色好みはなはだしくて出谷に流された。じゅうせん寺といって、ついそこ、谷の奥の今は田圃になっているところの住職をしていた。しかしこちらに来ても行状は改まらず、夜ばいを多くするので、怒った村の若い衆、夜道に罠をかけてくくった。足が何かで吊り上げられ、文けい坊主は芋づるにつかまって体もどそうとしたが摑むつる摑むつるみな切れて駄目だった。それが元で病気になって死んだ。その怨みであろうか、出谷は代々太郎が家を継ぐことがなくて次郎だ。一二軒あるうち太郎は四軒だけだという。千代子さんの亡くなった御主人は文けい坊主の血を分けたただ一人の者であった。

「出谷に松柱というところある。そこの掛川の森という家に文けい坊主が灯にする油もらいに行き、もらった代りに油仕込んで来たんだて、そこのばあさんに子作った。それが主人のひいばあさんだった」

　上湯川沿いの、家の一軒もないところに、棟を連ねた大きな鉄筋コンクリートの小学校が建っている。

その校庭で千代子さんと別れた。

## 迫野

### 迫《せ》西川《にしがわ》

殿井という出谷よりは大きい部落を過ぎ、なお上湯川に沿ってしばらく進んだら、迫野への小さい道標があった。上湯川より分かれた谷に従って山道を行く。こちらに来てはせ（迫）のことばを時折耳にした。西川のいちばん奥の部落を迫《せ》西川《にしがわ》という。玉垣内で田ノ岡さんに話を聞いている時、彼はこの迫西川をさして、「いちばんせりや」といった。玉置さんのお宅でこれを持ち出すと、お母さんのうめさんは私などもせりというけど、他の人は多くせきというとのことだった。せりとせきとどちらが元に近いことばか知れないが、何にしてもこれらはいちばん奥なることを説明しているのだろう。十津川村の北に接する村が野迫川村の名でもあった。迫野はたった二軒だか三軒ばかりの小部落であるという。

一キロほどゆるい坂道を進んだら正面の傾斜地に巾広く石垣を積み、太陽をいっぱいに受けている一軒の家が見えて来た。左の谷とはまた別に小さい流れが現れて雪溶水のように水清く、傍に寄ったら小さい見たこともない花が咲いている。決して目立つ花ではない。いたってささやかな白花のところ、粉雪になぞらえてもいい。細い六枚かの花弁よりは多くの蕊の方がおおらかに真ん中を占める。

葉は芹に似て、掘ってみたら思いの外頑固な根がつき、細根が密集している。道はしぜんと先刻見た家に導かれる。その家近くの杉の立つ日陰の土手には、この草がさらに沢山あった。そしてこちらは流れに洗われるようにしてあったのよりもなおいちだんと肥えてあるのだった。

家の前、石垣下の傾斜の畑には、可愛らしい老婦人が畑を起している。重たい靴のまま無遠慮に踏みこんで草の名などを問うこちらにも、はじめ見せた笑顔の表情を変えない。何の仕事でしょうかと問うたら、ちょうせん芋植えるところだという。朝鮮芋とはじゃが芋のこと。またの名ニドイモ（二度芋）ともいうと。畑の草はあまり多くない。ミミナグサは同じくミミナグサ、ホトケノザはクルマグサといった。

人声に御当主の千葉重実さんが家前に出て来られた。こちらはいかにも旦那衆らしく大人の風、おそらく百姓の仕事からも手をひいておられるのだろう。携えて来た先ほどの草を見て、重実さん「オウレン」という。こちらで前はオウレン沢山作ったものであると。その収穫には、掘って来たら細根を鎌の刃に押し当てて切る。その鎌の扱い方に私は合点がいかなくて何度か問うたら、重実さんは腰も軽く鎌を座敷に持って来て実演してくれた。

鎌を刃を上に向けて床に置き、その上にむしろを敷いて寝た鎌の柄を片膝立ちになって一方の足裏で押え、両手に持った草茎と、それから細根とをこの刃に手前から押しつけて切るのだ。切った根は半日ほど天日に干す。あまり干し過ぎても目方が軽くなるばかりで駄目である。干し終ったのはマツ火（松芯のタイマツ）を振りかざし、一方の手で掻き廻しながら細根を焼く。それがすんだらむしろに広げて、藁草履を摑みその裏でこする。残った細根もたいていこれで取れる。黄ない（黄色い）いい色になる。これよりはより色出しするためには、赤土を水で溶いてまぶして乾し、その後で草履でこする法もあったという。

　こうしたものを、昔は全部背負って堺まで出した。オウレンはたいそういい値になったのである。その経路は、ここより西中（西川）に出、矢倉坂を上って神納川五百瀬に降り、三田谷を上って上西峠に出、水ヶ峰通る。ここには家が二、三軒ある。次いで野迫川奥の大滝を経て高野《こうや》に上り、しいでというところを通って堺に向かう。途中泊まるのはたいてい上西峠で、ここに木賃宿がある。自分たちも泊まったことある。寒いとこで標高一五〇〇メートルぐらいあり、六月にならんと雪が溶けんと。これらの地名を私は辛うじて地図の上にたどり得るばかりであるが、何とこの人たちは、殊にも昔の人たちはこの幾重もの山を踏み分けるを常の業としていたものであろう。

　右にいう一区間五百瀬より西川までの間さえ、私は雪があったせいもあるが、三時間と聞かされて、車に乗る道の方を選んだのだ。それにしても堺までだって三日ぐらいで着いたらしいという足の早さには驚く。しかし重実さんは昔の者は足達者だったことをいう。一例に、自分の父親は陸軍歩兵だったが、一日で五条から家まで歩いて帰った。近道ばっかりで二〇里あると。

## 棕櫚《しゅろ》

　さて、またオウレンの草の方に戻って、こんどはその作り方を教えてもらう。オウレンに、普通地にあるオウレンと、コメオウレンとタンバオウレンとがある。コメオウレンは葉も根も小さい。根は米粒ぐらいしかない。一方、タンバオウレンは丹波から種を買って作る。根は大人の小指ぐらいと大きい。種もこれは高価なものだが、自分でも採ることが出来る。春八十八夜までに種をとり、あけの年の春先、ちょうど今頃（この時は三月一〇日であった）まで囲っておく。種は八十八夜が過ぎたらこぼれてしまう。しかし、ここは寒いので、四、五日過ぎても大丈夫だと。

　その囲い方は、杉山などに四角に四、五寸深さの穴を掘り、河原砂一斗に種一升まぜたのを入れ、杉皮で上に蓋をし、土かぶせる。芽の出かかる今時分に撒く。オウレン育てるには杉山がいい。桧山は嫌う。あんまり日陰でも良くないので、種まくのは杉立ってるとこでも少し開けているところ、道端などがいい。丹波はオウレンの扱いが盛んで、丹波篠《ささ》山から人がこちらに入って山単位で買い、五〇日ぐらい居住して地元の人を使って収穫し持ち出すものであったと。

先刻眼にしたオウレンは、それでは昔から自然に生える地のオウレンだったのだろう。これでは根が小さくて効率が悪いので、高い種を仕入れてもタンバオウレンを育てたのだ。重実さんは、オウレンは何の薬になったものだか、都の方ではたいそうもてはやされて貴重品であり、したがってわずかの量でも高値で、昔からこのあたりの大きな収入源であったと語る。しかし、薬といったら、猿《えんこ》の頭ぐらい効くものはないと、これはいささかぎょっとすることをいう。

「猿《えんこ》、鉄砲で捕った。犬吠えるので行って見ると、高い木の上で姿は見えないが茂みがある。二発目で落ちて来た。頭赤土で固めて（缶に入れてならなおいい）炭焼く時、炭窯の奥に入れておく。後で黒くなった頭だけ取り出して粉にする。女の血の道にこれほど効くものはない。女房の妹で坂本にいるの、七年大方寝ていた。これ飲ましたら治ってその後子二人か三人作った。話聞いて分けてくれといって来た人、喉落ちると同時に治った」

また、熊の胆《きも》はきくことが知れているが、それと同様、狸の胆もよい。わけても子のひきつけにこれほどようきくものはない。ひきつけばかりでなく、鼻づまりでぐずぐずさせる時、鼻穴のへりに塗るか、または頭のてっけい（てっぺん）に塗ってやるだけでもたちまち呼吸が通るようになると。

こちらでは、狸はホンタノキと呼ぶ。それではただのタノキもいるのかどうかは聞きもらした。重実さんは以前は猟もした。いちばん多く捕った年は猪二〇、子も入れてなら三〇、ニク（かもしか）一つ、えんこ一つ、兎五つ六つだったそうだ。ニクはおめいて（叫んで）射つ。声上げるとこっちを見据えるのでそこを射つ。猪はおんじ（雄）は恐ろしい牙しているが、めんじの牙はほんのちょっとだそうだ。

## 虎吉ばなし

重実さんは、そんなことでこの周辺一帯はいたるところに踏み入っている。しかし、くも谷の向こうにやな谷というところがある。そこにだけは入ったことがない。これには訳がある。重実さんの何代か前の虎吉という人が、ある時この谷に猟に入った。ところが、山じょうろが現れて鉄砲の筒先を握って口ふさぎ、射って見よという。山じょうろというのは、髪を長く垂らした女だそうだ。虎吉、今後決してこの地に入らないことを約して許してもらった。それだから俺等一統は入られん。俺も入ったことない。

昼でも薄暗くて気色悪いところだ。田螺殻が山の端《はた》にうず高く積んであり、ぐちなわ（蛇）のはんまえ（餌）だという。首に黄色い線の入った蛇がいる。それがくわえて登った。大ぐちなわがいるとの話だと。

それにしても、こうした半ば自然のものが収入を得る手だてになっているところが私には面白い。オウレンの他に金になる品がありましたかと問えば、椎茸があったと答う。椎茸はオウレンよりもっと大金になった。ただし、こちらは収穫した後乾燥させるのが手間であった。以前は椎茸は一本一本串にさしていろりのまわりで乾かしたのだという。軸のところを竹串にさす。そしてはじめに背の方、つまり表面をあぶり、後腹をあぶる。串にさしていろりの火であぶるといったら、私は串ざしの川魚あぶるさまを想起して、椎茸も焼けてしまわないかと案じるが、もちろんもっと遠火であぶり乾かすのである。

仕掛けはこんな風である。いろりの四隅に柱を四本立て、これは上を天井にしばって固定する。その外まわり床上に麦わらを束ねて輪にしたものを据え、これに椎茸貫いた串をさす。このままでは串が前倒しになる心配もあるので、柱にはぐるっと枠をまわしておく。これでは乾きかげんをしょっちゅう気遣っておらねばならず、火の番はしなければならないし、何よりも長い時間のかかるものだから、さぞかし根気のいるうんざりする作業だったに違いない。重実さんはそれで、しょうしゃに（暇つぶしに）ナンバ（唐もろこし）焼いて食べるので、口酢わいて堪らんなどともいっていた。

重実さんの家の横手には、椎茸の乾燥小屋がある。何年頃か聞きもらしたが、ずっと後になって椎茸を竹簀に広げて、火の上にのせて乾すようになった。小屋の内部は三、四段に棚が組まれてあり、ここに竹箕（エベラといった）をのせ、下に炭火を置く。重実さんは一斗缶にそっちこっちに穴を開け、火入れをしてたいそう具合がいいといった。エベラも前は竹簀だったが、金網の方がずっと乾きがいいので全部金網に変えたそうだ。この方法採るようになってからは、まるっきり仕事が楽になった。どうして前からこれが考えつけなかったものか、こんな小さなことでも、発明には時間がかかるものだと重実さんは述懐した。

椎茸は古くから作られていたのだろう。重実さんの三、四代前の重蔵が大収穫をしたことがあるそうだ。大山に大きなさこ（谷）あり、ここに重蔵椎茸を作っていた。ある年大いに椎茸が生えた。重蔵は七日七夜さ山で寝ないで椎茸あぶった。しかし、あまりの眠さに堪らずうとうとっとした。眼がさめていったいどの位眠ったものか見当がつかない。殿井まで降りて（三時間ぐらいかかる）尋ねたら、三日三晩眠っていた。その折の干椎茸七荷片荷《ななかかたに》あった。一荷《いっか》は一〇貫、七荷片荷は七五貫になる。これらも前にいう山越えの路を伝って堺まで運んだのである。

オウレン、椎茸に次いで棕櫚も金になった。棕櫚の皮を剝ぐ。棕櫚といったら一本幹の上にばかり葉のある、そして幹はもさもさ毛で覆われているものである。この毛皮は年輪のごとくに五センチか一〇センチずらせながら上に上にと重なり巻いている。これを一枚ずつ剝がす。二〇〇〇枚になったら平谷に持って行く。二〇〇〇枚の重さは七、八貫。一枚で五〇銭、値のいい時で一円した。

「棕櫚は一本から二〇枚皮剝げる。一日よう剝いで二〇本。棕櫚の木は家には二〇〇〇本ほどある。一年にそれだけよう剝がなんだ。棕櫚増すには実で撒いた。七、八年から一〇年ではげるようになる。

棕櫚の木はあたりが柔いので鐘つき棒に最良」

と重実さんは語る。

棕櫚は秩父のあたりにもいくらもあって、私にもいささか馴染がある。この皮もはいでみたことがある。秩父の、当地方は水田が皆無で、干柿を吊るすにも薪しばるにも縄とする藁がないので、人伝えに聞いて棕櫚の毛をそれにあてようとしたのだった。ところがこれがなかなか厄介、長く剝がれないでいたせいでもあろうが、どこが根元か、はな先か、もつれにもつれた乱れ髪のようになって勝手知れず、ようやく外側の古毛をめくって、さて一枚丸ごとはがそうとするに、その合わさり目が、執拗に幹に喰いこんでいて離れても来ず、それならあたるところをみんな鎌で切り分けようとするに、まるで薄手の金網を切り裂いているような埒のあかなさだ。それでも少しだけ切りむしって来て、こんどは楽に糸状に出来るかと思えば、こちらもまた手数、この皮は斜めに右、左から織られて一枚の布のようになっている。目が粗いので縦糸・横糸雑作なくほぐれるかと予想していたのに、潮風浴びた後の髪毛のように、節ばかりのススキの根のごときにしぶいのだ。

そんなことで、棕櫚の皮の剝ぎようは、折があれば誰ぞに教えてもらいたいと念じていた。重実さんはこれに応えてくれた。棕櫚の木が直ぐ近くにあるとはいっても、裏山にばかりでも行かねばならないのだろうと思ったら、ほんとに家傍にある。家正面に向かって右には前回にいう椎茸乾燥小屋、左には家ほども大きい納屋があって傾斜地に建つので、前部床下を人が通るようになっている。これを抜けたらすぐ際、屋の壁に葉を触れさせて棕櫚があるのだった。

その前に重実さんは小屋の扉開けて羽目にはさんであったらしい刃物を持ち出していた。包丁ほどに柄が太く、丈もそれほどのに、真直ぐに刀身がつき、この刃先は丸く、丈はごく短い。菜切包丁の刀身を半分に切り詰めたというところだ。長く使わないから錆びがといいながら、木の傍に構えた重実さんの手順を見れば、包丁を逆手に握り、まず木目込みのように喰い込んでいる合わさり目のところの縁を縦に切り下げる。この縁の一部分は毛を内にこめて漆で固めたようななめし皮状になっているのである。それから同じくナイフを逆手に持ったままこんどは幹を抱く格好にしながら根元を横にぐるりと切りまわす。これで終りだ。

根際も、薄目の皮革状を呈しており、このところを目差すことで、刃物の切れも安易にするものらしい。これから条をほどくのはやっぱり面倒かけて引き抜くより仕方がないようだ。がしかしそれにもやりようはある。まず、皮を丸めて根元の部分

**オウレン（棕櫚）の整え方**　鎌の刃を上に向けて立て、上にむしろ敷いて柄を押さえ、茎と細根を刃に押しつけて切る。半日ほど干す（あまり干してはダメ）。松火を振りかざしながら、片手でかき回して根を焼く。

その後、むしろに広げ、ワラ草履の裏でこする。残った根も大抵これでとれる。（斎藤たま調査カードより）

を槌で叩きばらばらに捌く。それから片手で押えつけながら末の方から何本かずつ引き抜くという。

棕櫚は、皮の他にトウも金になった。しかも「それが値《ね》する（高価）」のだという。トウと呼ぶのは葉の出だちで軸のてっぺん、何本かある外まわりの葉柄に囲まれて中心に伸び出て来る棒状のものである。いずれこれも日が経てば三角の葉柄が頑丈に伸びて、骨の細かい扇子の折り山、折り山を半ばまで裂いた破れ傘の葉も広げるのであろう。しかし今はまだきっちり扇子をたたみ、しかも切り先が平らでなく丸型であるため、たたんだ葉先が少しずつずれてその段ごとに点を記し、それが模様となって、艶もあり象牙のヘラのように美しいのである。丈は四〇センチぐらいだ。

さて、そのトウを切って来たら、束にして晩、風呂の湯に入れて炊く。そのままおき、温度の上がってる方がその後の乾きがいいので朝また火を焚いて温《ぬく》めて、それから葉を捌いて干す。葉は根元一本軸に前にいうように折り重なっているものだから、これをほぐして乾きよくするのであろう。庭に干し、屋根にも干す。畑にいて夕立来た時などは大変、大馳けして来るので唇に血の気がないようになる。乾いたのはまた束にするが、艶があってつるつるしてしばりにくい。六貫束二個、つまり一二貫で一荷《いっか》とする。

最後のところ、夕立に周章《あわ》てるさまは、地下足袋のままいっとき上がり縁に腰下ろして話に加わった奥さんの語りなのである。こうした干したり、入れたりの作業は主に女たちの手に委ねられたのであろう。またこれらを集積地たる平谷まで背負って持ち出すのも、もっぱら女たちの仕事であった。

棕櫚のトウは毎月出る。ただし切るのは一年に一本か二本である。いつでも切るが、夏土用時分切るのはえらいと重実さんはいう。蜂に刺される。何という蜂か決まって葉裏に巣かけているのがいて良く刺される。「蜂えらい」と。これらは新宮に運ばれ、草履表になったようだ。極く上等な品だったようだと重実さんは語った。

この他、まるっきり自然にあるもので収入の元になったのにはフジカズラ（藤）がある。当地方はほとんど生活を林業に頼っていたのであり、山の木を伐ってそれを下《しも》に出すのが最大の仕事であった。山伝い、川伝いにこれを十津川まで出し、そこからは筏《いかだ》かいて海の傍、新宮まで下《くだ》した。その筏を組むのにフジカズラを使う。カズラを箍《たが》のごときに巻きからめて輪にしたのを二本の材木の継ぎの部分に当て、鉄のカン（止め釘）を両端に打って連結する。この止めようは西川、玉垣内の田ノ岡吉広さんに教えてもらったのであったが、以上の方法は縦に筏を継ぐ時、左右に動くところは（つまり横に継ぐ場合であろう）、この単一の止め方ではなく、輪二つを十字に重ねて止めるものだったという。

こんなわけで、フジカズラはいくらだっても需要があり、またいい値で引き取られた。それだからこれまで逢った人たちからもフジカズラを金に換えた話は度々耳にしていたのだった。重実さんの家でもフジカズラよくとったが、ある年のわけても多い年には一〇〇〇貫とったことあるという。重実さんと父親と繁おじと山で伐り、山から家まではヤエン（索道）を設けてどんどん飛ばいいて来て集める。それを翌朝一五、六貫ずつ霜柱を踏んで母親と奥さんとが平谷まで運ぶ。一〇貫が一円八〇銭だった。当時市木《いちぎ》綿という木綿一反が一円二〇銭で買えた。

蜂蜜も昔から金に替えられていたようである。重実さんの代になってからは飼ったことがないが、三、四代前の重蔵はよけい飼った。多い時で八八箱おった。これらの飛びかいで、家のまわり陽があたらず、麦広げてもさっぱり乾かなかった。以前農家では作物はすべて自然乾燥だったから、むしろに広げて、順ぐりに何十日にも及んで乾燥させたのである。農家がいずれも家の前に広い庭を持ち、またいちばん太陽を受ける南に家の向きを定めるのもひとえにかくなる都合によるのだろう。この、八八の箱を飼った年、ツバクラ一五巣かけた。蜂を餌とするためだったろうと重実さんは推量していう。

これは本当なのだろう。関東や東北で私どもはツバメはまるで毎年訪れる身内のようにして巣をかけるのを喜び、そのためには軒をとられようと内庭をとられようと、どんな不都合も意に介さないばかりに歓待するのであるが、そんなもので、上葛川のちよさんが「ツバクラ嫌う」といったのは注意をひいた。

なぜかというのに、蜜蜂食うからというのであった。飛んでるのを捕る。商売にするのではないが、こちらはたいていの家で山のミツ（蜜蜂）飼っていると。時折、家の傍、山岸とか畑縁に樽のように胴切りにされた木の幹が置いてあるのを眼にしたが、それなのであろう。重実さんの家には一石入りの蜜桶《たが》が、この頃まであったという。蜜も堺の方に持って行った。

「このあたり一帯栂《とが》山だった。その栂のはね（葉）みて（向いてか）蜜ふく。栂蜜は最高。樅《もみ》と栂があれば蜜さか（栄）いい」

と。

## 初代重蔵

重蔵についてはまたこんな話がある。当時東本願寺が改築されるとて国中から良材集める騒ぎがあった。重蔵これに一儲けしようと考えた。玉置《たまき》山《さん》の裏にケヤキサコという欅《けやき》の沢山あるサコ（谷）がある。その中からどえらい欅ばかりを選りすぐって京まで運んだ。川を下し、船で運んだのだろう。ところが、向こうにあるのはまだまだ大木、「たるきにもならん」とあしらわれたそうだ。たるきといったら、屋根の真ん中、棟より屋根先に向かって張り渡す、普通の家で用いるのならせいぜい腕ぐらいばかりの太さなのだ。

重蔵は二代目重蔵と二人あったそうだからそのどちらかはっきりしないが、重蔵は桶屋であった。龍神（龍神村）のさんじっていうところで一三年習って来た。出た時は子どもで帰った時は立派な大人になっていたので、母親が息子とわからず、「どこの人のござりやたろ、上がらっしゃれ」といった。見変っていたんろ。たいへんに腕がいい。重蔵の作った桶は陽なたに三日置いてもひすえない（透が開いて水もれすることがない）といわれた。今、家には重蔵作ったハンギリ（浅い丈の桶）がまだあるという。

「どこの人のござりやたろ、上がらっしゃれ」とか「見変っていたんろ」などは、東の間話に加わる奥さんの口から出たことばだ。重実さんは語り口がどうしても共通語になってしまうが、奥さんは真直ぐ土地のことばで話してくれるのである。重蔵桶屋の腕の立つことを物語る次の話もある。ある家で重蔵風呂桶作った。水を入れて湯をわかし風呂に入って、さあ輪（箍《たが》）切れといって切らせた。しかしそのままでばらばらになることがなかったと。

重実さんの家はトタン屋根になっている。こちらばかりでなく、例外ないほどみなトタンであったのだけれど、以前はまたどこも杉皮葺であったという。これは秩父などにもいえることで、私の借りてる家にも杉皮がのせてある。上はトタンになっているのだが、以前の杉皮葺の上にそのまま覆ったようで、天井のない勝手方などではそれが丸見えだ。また、木小屋やら付き出しにはなお杉皮ばかりの部分があって、これらはいずれも損傷はなはだしく、大風になると決まって何枚かずつ吹き飛んで来るのだが、それが思いがけず頑丈なのには驚かされる。丈はほぼ六〇センチ、巾はもう正規のものでないのだろうが四〇センチぐらいで、肉が厚く強靭だ。焚物にしても薄板ぐらいに燃えでがあるのである。

この皮、私はとうぜん木を倒して後に剝《は》ぐのかとばかり思っていたら、重実さんの説明してくれるのにそうではない。立ってるうちに木に登ってむくのである。登るにはコロといって幹のまわりに一本まわした綱の両端を一本の棒に固定したのを用いて体を支える。雨にはコロすべってえらい。また天気にはその反対にしぶいので水を持っていてそれでしめらせて作業する。

皮は三尺五寸丈に鉈《なた》で切れ目を入れるが、厚いものだからはじめ上から切りかけ、次に下からと三角に目入れる。次にカバチといって縦に一本切り下ろし、剝ぐ。それを一尺二寸巾に手で割り、（たいてい二枚ぐらいになる）振り廻すようにして放り下ろす。ただばっさり落しては切口に傷がつく。「舞いもうて落ちる」という。一本の木から三尺五寸丈にして二五段ぐらいも取れると。「土用皮」といって秋土用のがいいが、また六月土用のでもいいそうだ。

屋根をふくには、二寸合わさり重ねていく。二尺五寸おきにたるきを当て、釘でとめる。その上にさらに重ねて上へ上へとふく手伝いの人たち七、八人がかりで、二、三日でふく。

杉皮、家には六〇間しまっている。屋根裏ぬらさなんだら一〇〇年、二〇〇年しても使える。乾いたのは二日ほど水につけ、立てて水切り、積む。屋根裏で真っ黒になっているのを川まで運んだり、運び上げたりするのが大変、一屋根三五〇間あったらふける。

虎吉は、重実さんの四代か五代前の人だった。重実さんのお父さんは重雄、その親が照吉、その前が二代目重蔵、その次が虎吉で、殿井から養子に来た人物であった。虎吉は鉄砲撃ちの名人であった。当時は火縄銃で、生竹を刃物で細く削ったものを縄に綯《な》って使う。これは生でも直ぐに用いられる。筒に煙硝、玉、おくり紙の順で入れて引き金を引く。ある時虎吉、かりば（草刈場のことで昔は山の上までかりばになっていた）の上から四斗樽《しと》を転がさせ、向かいにいてそれを撃った。一発バァーンの音が消えんうちに前の手順で、煙硝こめ、玉、おくり紙を詰めて次のを撃ち、また次を撃ちしてバァーン、バァーン続けた。撃った玉の数だけ樽に穴があった。

重実さんの家の向かいにもかりばがある。あの山かと尋ねたら、かりばはどこにでもあり、その場所は聞かなんだとのことであった。こちらでは草は最大の肥料で、草ばかりでなく、カシなどの雑木も含めていろいろな形で利用した。刈って貯え置くものをカリオキと呼んで、八朔《はっさく》から一か月ほどカリオキ刈りをする。これは冬中牛に踏ませる。また五月にはツチゴエグサという雑草除けもかねて大豆、小豆など撒いた上にかぶせる。土用にはドヨウクサといって刈り、これは小屋に堆肥にこしらえ、翌年に使う。今はしかし草刈る用はまったくなくなり、かりばにはどこでも杉を植林しているのである。

虎吉の鉄砲の腕前を示すのに次の話もある。

ある時、虎吉、果無《はてなし》山の向こう、みさとまで鹿を追って行き、川に下ったところで仕止めた。鹿はオ（尾根）を伝って川へ落ち、水で臭いを消して犬から逃れ、オへ行って疲れを休める。追跡の手迫ったら、また右のように繰り返して逃げるそうだ。果無山とは上湯川の直ぐ南、和歌山県との境、東西に、文字どおり果も無く連なる山並だ。さて、仕止めた場所がちょうど切原《きりはら》という村中だった。

これに切原の人、人のやさき見て鉄砲撃ったといって、ひどい立腹のしようでねじこんだ。虎吉、いくら平謝りに謝っても許してくれない（獲物の分け前をせしめようとしたのだろうと重実さんは小注を加えた）。虎吉さすがに業を煮やして、それなら、頭に鉢巻して瘤つくっとれ（ねじり鉢巻すること）、こぶだけ撃って取らすすか（取ってやるから）といった。しかし相手はそんなことようせん。それでは半紙を広げて持っていよ。紙破らずにこれに当てて見せるすかといい、そして撃ったら玉は紙に当ったが、突き抜けずにそのままとろと下に落ちた。それを見て村人許した。盲滅法に、勘定もなく撃ったのではなかったことを証《あか》したのだと。

　虎吉はまた豪力だったという。挽臼を掌にのせて麦粉一升挽いた。挽臼といったら男でもやっと抱え持つような石が二枚重なっているのである。それにわけてもうちの挽臼は重いんや、八貫ぐらいあると、さすがに重実さん舌巻くようにして語る。普通に挽くとしたって一升挽くのえらいと。一度にどっと挽けるわけではない。三粒か四粒ずつ入れるのでないと粗くて駄目なのである。

　この土地の人たちはほとんど山の木によって生きてきた。杣しさん（木挽）が木を伐り、その木をひようと呼ぶ木出し人たちが山を伝わり、川を伝わりして、十津川まで出し、それからは筏《いかだ》かいて海岸、新宮まで出した。山から川まで、またその川でも水の少ないところではスラという、内窪みに丸太を敷き並べた長い滑り路を構築して、材木を滑り出す。どうでもスラかけないようなところ、例えば滝などはただ上から落し、またそこからスラにのせて行く。このスラから落したところはヤグラになる。つまり、木が組み合い積み上げられる。それをなおすにはキナオシという仕事があり、この時は材木下ろすことを完全に止めて作業するのである。

さて、虎吉もひようであった。ところが前にもいうように大力の者ゆえ人の仕事の何倍も働く。何しろ、ひようの道具である鳶口も虎吉のは特別の誂え、他の人たちの持つ鳶口では一回扱うと鉄がふにゃっと曲がって使えなくなったという。仲間のひようさんらこれがねたましくてならず、ちょうど虎吉がキナオシをやっている時、虎吉を殺そうらと上からどんどん木のらあた（下ろした）スラの高さは三メートルから一〇メートルぐらいある。その下にいた虎吉はしかし、少しもあわてず、落ち来る木がどっちに来るかを見定めてはひょい、ひょい身をよけた。ところがここにちょうど一〇幾つかになるカシキ（炊事役）一八人前の弁当背負ったのが来合わせた。虎吉、これを殺してはならんと、彼を小脇に抱え、そしてあっちゃ飛び、こっちゃ飛びした。ひようさんら、もう虎吉は死んでいろうらといってやって来て見たら、何のことはない右の態であった。

ある山の木を出すといったら、ひようたちは何人かずつ集団で一つ小屋を建てて寝泊まりし、カシキがついて食事の世話をする。そして弁当も、その日の作業の地点を示しておいてこれに届けさすのである。弁当はメッパ（木の曲物で、蓋も容器と同じ深さ）で、蓋も合わさらないほどに詰めるのだったから、少年一人どころかその弁当の重さだけだって一通りでないことを話では暗にいいたがっているのである。

カシキはたいてい一人前になる前の少年が雇われる。そういえば、出谷、千代子さんの息子一郎さんも、これをしたことがあると語っていたのだった。彼は昭和も一桁生れで、これらの仕事も往時の勢いなくしていたのだが、それでも一四歳の年二山かけてひようのカシキをした。それで四か月だったというから一山に二か月いたことになる。何とか垣内《かいと》の奥山で、一つ小屋七人のカシキだった。小屋の内は中央、入ったところから奥まで四尺巾に土間になっており、真ん中にいろりがある。その両側は寝場所で布団は一枚、おさそりになって寝る。これには説明が要る。

　おさそりとは、こちらでサルトリイバラのこと、これの葉は丸く大きいので、柏餅同様に餅などを包んでおさすりまんじゅうを作る。そのまんじゅう同様一枚の布団を二つ折にしてその中に入って寝るということだ。杣しも三、四人加わっていたが、これはまた単独行動をするのであって、飯だけは一緒に炊いたものの、お菜はそれぞれの持ち寄り、ツルべと呼ぶ桶に銘々が自分の菜を入れて置き、食事ごとにこれを持ち出して食べる。そのツルべの中、いちばんいいお菜は糠《こぬか》漬の鰊《にしん》で、他はたいてい漬物か味噌であった。小屋でのひようたちのやる仕事は、帰って来たらまず鳶口をいろりの火にくべ、真赤になったところをヨキ（斧）の上にのせ、これを台にしてテヨキ（片手斧）の背で打ち直すのだったという。

　虎吉はまた筏乗りの名人でもあった。一本の材木に乗って、から傘さして新宮まで行った。平谷から新宮までは並みの距離ではない。一三里あるのである。吉野郡のはるか北から気も遠くなるほど続く大十津川は、和歌山に入ると熊野川と名を改め、水量いや増しに増し、川幅も広くなってえんえんと海口新宮まで蛇行し行く。平谷は今高等学校もあり、十津川温泉もあって中心的なところだ。上湯川も西川もほぼこのあたりで十津川に合流する。明治二二年の大洪水で地形が一変するまで、平谷のところは大きなどろ、ちょうどダムのようになっていた。八丁どろと称していた。そこを虎吉は角材に乗って渡り渡りした。〝虎吉の角まわし〟とて有名である。これに乗るのは桑畑、しもごいの小市と二人だけだったという。

　ダムのようなところをさしていうドロのことばは、はじめて聞く。だが、八丁どろといわれれば、ははあトロとも一つことばなのだと合点がいく。こちらにいたる前に通った、三重と和歌山の境の北山川《きたやまがわ》にも瀞八丁《とろはっちょう》と呼ばれるところがあった。また、私のいる秩父の近くにも長瀞《ながとろ》の景勝地がある。そのトロの意味これまでは考えてもみなかったけれど、普通の川のように、出入りが激しくなく、懐いっぱいに水を溜めて動かず、半ば眠りかけたような、平らで静止のさまをいうのだろう。それだからいささか粘りがあって動きの鈍い、たとえば油のようなものをさしてとろっとしているとか、とろとろとかいうところもそれだろうし、また泥だっても一つことばであろう。それから、私どもが動から静になる、つまり眠ることをとろむというのも、さらに、才気、動作の緩慢なのをさしてとろいという、これらのとろもみな一つところにあるのであろう。

## 山の怪異

山には怪異が幾つもある。

ある猟師果無に入り、道に迷う。困ったことだと思っていると向こうに灯が見える。行ったら炭焼がおっての、泊めてくれと頼むと、泊めるはいいけんが、かかが死んでのという。それでもいいからと上げてもらう。炭焼、隣に告げが行かにゃあならんから、まあちょっと番しょってくれという。気色悪いけど番しとってやるとその猟師、いろりに火たいてあたっていた。

そしたらな、死人のねているところから手出いての、枕元にある飯をつかんで引っ込めた。ひゃあいったいどうしたことやら早く帰ってくれないかと思っていると、また手が出て引っこんだ。やっと帰って来たのでことの次第話すと、そばに子どもがねていた。その子が食べたのだった。

殿井のいちぢろう死んだ時、死人を一人部屋に寝かせ、皆寄って通夜していた。死人のいる部屋できせるを火ばちのはしにかんかーんと叩く音がした。あのくらいしょうの悪いの知らなんだと、その席にいた繁太おじが語った。

繁太おじは母の兄、このおじも度胸いい。ある時月明りに平谷まで用事があって出かけた。しかし途中からあまり明るくない。いっそう暗くなったので夜が明るまでと湯に入った。すると奥の方でもちゃぷちゃぷと音がする。夜明けて見たら乞食がはいっていた。

この繁太おじと自分と、いとこのまさじ（これは兄）、くにゆきがてんかんなのでそれの願にと、平谷の富夫、これもてんかん持ちとで四人で四国まいりした。俺の一九の年四八日間、一〇〇円もらって行き、いくらか余った。宿代はたいてい一五銭、昼は茶屋で豆腐買って菜にする。一度高知で三五銭の宿に泊まった。高いと思ったが、話の種にと泊まった。三階建、三の膳ついた。せったい毎日受けた。遍路さんせったい上げましょうと待っている。家にも泊めてもらった。いい家だった。経読む段になって経知らず弱った。富夫が般若心経知ってて読んだ。繁おじが調子外れに鉦打つのでおかしくってたまらない。その後で坊さん立派に読んだので冷汗ものだった。でんつうじではじめて飛行機見た。師団の庭に降りた。先頭で見ていたら後ろずらっと兵隊並んでいた。しかし遍路を大事にするところだからのけとはいわなかった。

足ずりをまわっての後、道でお婆さんを通り越した。腰曲がった、杖ばかりすがって行く八〇婆さんで、よせばいいのに体さわってちょっとごめんといって過ぎた。この位元気なんやと見せびらかす気持、ところが三日後自分らの先にいた。人はあなどれないものだと思った。当時車もあったが婆さん、歩いてばっかりといった。

この後、くにゆきは一八歳で川で死んだ。河原で死んでいた。おば、友だちに殺されたのではないかと、自分を使者に立てて、上秋津《かみあきづ》に名高い巫子がおったので行かせた。（十津川では迫西川に一人の巫子おっただけ）萩から野中、近露、栗栖川《くりすがわ》通り、南部川《みなべがわ》村の上秋津まで行った。巫子びわのようなのびんびん引いて拝み、寿命ぢゃった人疑うことないといった。おば、それから落着いた。

## 小学校

日出谷《ひでや》小学校出た。下出谷から小壁まで六部落山の上にある。一三〇人に先生一人。二教室、先生他の教室出ると同時に子どもはわいわい。窓際のアブ奪い合い尻に紙つめて飛ばす。杉一高等二年で、先生代りに面倒見る。朝学校行くとくじをいっぱい作ってあり、それ引かせて並ばせる。与助（自分より三つ上）毎朝ラッパ吹いて来る。それに合わせて行進するの楽しみ。杉一、授業見てやったり外で遊ばせたり、先生は手がまわらないから、面倒見させておく。先生より杉一のいうことよっぽど面白かった。

こんなことして遊ぶ。

木移り――親方について地に降りずに、枝から枝へと移る。先頭のやるように飛ぶ。

シシオイ――人猪になり、何人かは犬・猟師になる。犬はくゎくゎーん鳴いて追い追いくいかかる。

猟師鉄砲うつが、一発で仕止められない時は手おいとなり、大いにあばれる。

弁当はキビイリ、友だちの分も持って来て分け合う。ホシカイモ（さつま芋干し）炊いて来る者もある。小壁からは一里ほどの山道、迫野は一〇時頃になったりする。畑にいてこれら通るとお昼食べて行け、茶もわいてるぜなど声かけた。学校はここから二キロほど。

## 歌詠《よ》みする

正月には、カドワケとて元日朝三時頃から親類など訪問しあう。コンニャクの白和《あ》えなんかを出す。向かいの家の嘉作（今生きていれば一五〇歳位）、こちらの家とは仲良い。酒買ってくれば庭で徳利振って見せる。互いにこれをする。ある年の正月、嘉作カドワケに来た時、酒わかしたどびん（こちらではドヒンという）底抜けた。縁起が悪いと一同気落ちの態のところ、よしよし、こちらによこせ、俺が歌詠《よ》んでやるとて嘉作歌詠みした。

どんと　びんは　抜けて行く
あとに残るは　金のつる

嘉作はボロを着ていた。どこかのイシヅイ（どうづき）の時、一つ搗くごとに、嘉作のつぎはぎがボロボロ落ちた。

## 中井亀次郎

中井亀次郎は足はやいそまだった。剣術師。滝川というところで、猪が犬に追われて来た。後足だけ二つ持って、ぱっと叩きつけて殺した。

体などに止まった蝿も、指先でぺっとつまんでは捨て、ぺっとつまんでは捨てした。

布団かぶってねているから、しないで打ってくれという、いびきが聞えるから、打ってかかると、その折はもう布団下にいなかった。また座布団に坐ったまま、座布団を引けという。すっと引けた。

京都のある道場で主と立ち合った。亀次郎は胴切りの名人、何度も胴入れたのに審判、役なしという。最後に、これでも胴なしかといって思い切り入れたら、あばら骨三本折れた。門人門の外で両側から待ち受けるところ、亀次郎門を飛び越えた。

亀次郎は文武館で剣道教えていた。身軽く木登り早い。兄は崖のぼり早い。二人でえんこ生捕りにした。えんこは犬でさえ捕るのが難しいのだ。

## 狼（和歌山県龍神村）

もう少し話を聞ける年寄の数が多いと思ったら、てんで少ない。ここは紀伊半島中部山間地帯、東を奈良県十津川村に接する和歌山県日高郡龍神村の北端部なのである。龍神村は、大きく流れる日高川に沿って村をなし、下の方には大きな集落もあるようだが、北に向かって、川上は流れも途端に細くなれば、傍に現れる集落も家数もいたって疎らだ。今朝たって来た小又川《こまたがわ》の隣の皆瀬《かいぜ》にも、次の野々垣内《ののがいと》にも年寄はいないという。もう一つ先の湯布《ゆぶ》にはおばあさんが一人二人、それからさらに北の大熊にも男の年寄が一人いる。その先にはなお二つの集落があるが、みな下に出てしまって、家も四、五軒より他にないという。

まず湯布のたきのさんという明治三五年生れのおばあさんの家に行く。家の人たちは出掛けているそうで、おばあさんが一人、それに、近所の奥さんが寄って二人でこたつでお茶飲みをしていた。話を聞く条件としてはいいのであるけれど、残念ながら二人はあまりいい話者ではなかった。あれやこれやと話の題目を出してみるが、なかなかそれ以上には広がらない。ただし、話題が次のことに及んだ折だけは二人の話は活気を呈した。

村で人がいなくなったことがあるという。一人は娘、友だちの結婚式に招ばれて山越えをする間に行方不明になった。とんでもない山道でもあるのかと問うと、そうではない。車道から見たら何分の一にも近いので、村人も通常行き来している道である。おばあさんは「女一人山越えなどしないものだが」という。何でも花嫁の仕度を手伝う約束だったそうで、気がせいていたのだろうと。ハンドバッグだけが山中に見付かった。おばあさんと客の二人はそれから、これまでも幾かえりとなく口にのぼらせたであろう推理の数々を述べ合った挙句、最後にこんなにいった。

「あれも埋められたんだぜ」

もう一人は子二人の男親、大雪の日に犬を連れて猟に出、そのまま姿なくなった。当日の雪とは、二、三時間に一メートルも積った語り草になるような大雪だったそうである。村中が出て、何日にもわたって隣、奈良県の方まで捜した。後になって着ていた雨合羽だけは木にひっかかっているのが見付かったが、鉄砲もその他の所持品もとうとう何一つ手掛かりがなかった。

消息を断って七日目、これ以上は神仏に頼る他ないとの思い入れからであろう、村の女たちが不幸な家に集まって般若心経を申した。ところが、お経の功徳かちょうど念仏申すさ中に飼犬だけが戻って来た。痩せてやつれた格好であった。それを見たその男の奥さん、裸足で家から飛んで出て犬を抱きしめ、どうしてお前ばかりが帰って来た、なんでお父も連れて来てくれなんだと泣いて口説いたそうだ。その時幼かった息子は今高校生であると。

一人昼食をするおばあさんのために出掛ける人たちが用意してくれたのだろう、一皿の焼魚と、ここでかぼちゃをいうナンキンの煮物と漬物とがある。宿の朝飯の残りをむすびにして持つだけの私のために、おばあさんはそれらをみな半分にして食べさせてくれた。

大熊に行くなら、小口政太郎さんを訪ねなさいとたきのさんがすすめてくれたので真直ぐに伺う。彼女と同年の人だそうだ。政太郎さんは着流しで、嫁さんと二人家にいた。嫁さんの御亭主、つまり政太郎さんの息子は五年前に病気で亡くなり、おばあさんも死んで、今は成人した孫と三人暮らしだという。彼女は十津川村小坪瀬が里だという。あんなに遠くから、親戚でもあってかと尋ねると、前は誰もみなよく奉公に出たものだが、自分も大熊の店（前は旅館もやっていた）に長く奉公し、いつくことになったのだと語る。

この人は、十津川とこちらとのことばの違いをいって聞かせる。こちらに来ていちばん妙なことばだと思ったのは、話をするのを「わわく」ということだ。人としゃべっていると「何をわわいておるんか」という。また、「いらんことわわいてよ」とか「長い間わわきおっつらよ」などという。わわくの語感からはたちまちわめくの語が浮ぶ。私の生れた山形の村を思い起してもそうだが、広く開けた自然の中でことばを交わすとなったらどうしても大声となり、しかもそれが常となる。たんなる会話もわめき合うような格好で、それでそのような意味持つ語があてられているのであろうか。もっともこちらでは、わめくとか叫ぶにはまた別の語「ひしる」があるという。大声で叫んでいるのには「がいにひしりおっつらよ」などいうと。

政太郎さんからは狼の話を聞いた。そもそものきっかけとなったのは、昨日寄った野々垣内で青田さんという人から、「有田（有田郡・龍神村の直ぐ北に位置する）では死人をすてた。高野《こうや》への道で昔の人は狼が死人を担いで行くのを見たものだったそうだ」と聞いたことによる。政太郎さんにこれを質せば、彼もそれは本当だったという。「自分の母親は有田郡清水町上湯川の人、よく昔は狼が死人をよいよい、よいよい担いで行くのを見たと語っていた」と。

政太郎さんは、狼はこのあたりには確かにずっと後までいたのだという。吠えることをおぼるというが、そのおぼんのもよく聞いた。「狼おぼんのは犬がおぼんのと同じだけど、ずっと物凄い。地響きする。『川の向こうでおぼっつらよ』などと聞くものだった」という。これは前にいう青田さんも語っていたことだった。以前中学は大熊にあり、通うのが難儀なので青田さんは大熊のおばの家に寄宿した。その折、夜になって狼がおぼると、おばは「病《やまい》狼小便飲みに来てるな」といっていた。何でも病のついた狼は、人間の小便を飲みたがるようになるものだと。

政太郎さんは元々は東隣・美山村の人なのだ。生れたのは川沿いの小国、そこがしけ（台風）くろうて彼の七つの時に小川に移住した。ところがその小川は美山村の東端にあり、子ども等は龍神の学校に通う具合で、何につけてもこちらの側と行き来する方が都合がよい。それで政太郎さん一家は近年こちらに居を移した。狼のおぼるのを聞いたというのも、またこれからの話もその小川でのことなのである。

さて、政太郎さんの二三、四歳の頃にこんなことがあった。村に石川長次郎という、前に学校の先生をした人がいた。これがある時、奥さんと連れ立って城ヶ森へぜんまい採りに行った。ところが、出掛けて間なしに、「鹿に狼ついとった」といって戻って来た。石川夫妻はともどもに体格のいい人たちであったが、ぜんまいも採らずに青くなって帰って来た。

それから村の人、政太郎さんも含めて達者な者ばかりが五、六人、「そんなら拾《ひら》いに行こ」とて、てんでにブリキダス（ブリキの塵取ようのもの）を携えて行った。鹿の倒れているあたりはスズ原だった。スズとは指ほどの太さの丈高いスズ竹のことである。そのスズを丸く折り曲げてこたつほどの大きさ、五寸ぐらいの高さにねやが作ってあった。それも鹿を中にして、ぐるりと取り囲んだようにしてそのねやが五つも出来ていた。

政太郎さんは、犬ではこんなことしない。「狼でなきゃねやしやせん」という。鹿はくくり（罠）にかかった三又角の大きいものだった。腸《はらわた》が食われただけで肉はほぼあり、その肉を「ここに倒れとる鹿の肉をちょっとおくれよ」と断わりをいって、それぞれブリキダスにいっぱいずつもらって来た。こんな時、狼は見えなくとも近くにいるのだから黙って取ってはよくない。また、全部を持って来たりもするものではない。そんなことをしたら家まで連いて来られる。帰る折も「おおきにありがとさんよ」というものだ。

また、それより数年後にはこんなこともあった。昭和六年生れの長女が五つ六つの頃、近くに同じ年頃のいとこがおり、二人して栗拾いに行った。子どもだけやらせたから見に行ってやらにゃあと後追って見ると、向こうから二人が大泣きに泣いて来る。どうしたと問えば、「あっこに大きな犬がいるからおとろしい」という。

指さす先を見下ろしたら河原に鹿が倒れていた。咄嗟に狼だなと直感し、子等は家に連れ帰ってから一人で行き、その時も後脚二本もらって来た。この折の鹿は腸と前足一本がなくなっていた。部落のほんの上つらでのことで、子どものいたところから川までは六〇メートルぐらいだった。子等が見た時は確かに食らいついていたのであり、それが人の気配に離れた。もし犬ならば人行っても逃げんという。

狼は糞でもわかるそうである。これは皮ごし（ごと）獲物を食うので、糞に沢山毛がまじっている。犬は毛は食わないと。また狼がいた証拠には、足跡を何度か見ていると政太郎さんは語る。村に毎年魚売りに切目から来る人がいた。魚をオーコ（天秤棒）で担いで来る。ある雪の日に下に帰るにどうしても一人では山が越せないとて、政太郎さんは泣きつかれて案内に立った。

「寒川向かって行く時、切越のちょっと行った先、シラクチカズラのあるところに、鹿と狼と飛んどったわよ。前と後ろして二つの足跡が続いていた。『徳蔵さん、この足跡は何じゃと思うえ』と問うたんや。はて何じゃやろというから、これは鹿の後を狼が追って行ったんじゃと説明したら身震いをしていた。狼の足跡はたいてい犬と同じだが、丸型で大きく、後爪《あと》がある」。これは政太郎さん四〇歳位の頃だという。

このように雪の上とか、またヌタ（泥土）のところならよく識別出来る。以前は度々山焼きをしたが、そんな時は村中の者が出あって周囲に二メートルぐらいの防火の溝を掘る。その作業をしている時にも掘ったばかりの柔い土に狼の足跡があり、皆で寄って見た。前に日本の狼はよほど前に絶滅したと発表されたことがあるが、自分たちはこれはずいぶんでたらめだと承服出来ない気持でいたという。

嫁さんは、夕方から下御殿という旅館に働きに行く。登って来る途中、むやみに日本調を強調した大きな旅館があったがそれだろう。もう一つ、上御殿という温泉宿もあるそうだ。私はこちらの家に泊めてもらえないだろうかと頼んでみる。右のような次第で出掛けるからと断わられはしたが、何も構わないでくれていいからと、とうとう承諾を得る。彼女は夜遅くに帰るそうで、魚を焼き、味噌汁も作り、布団も出して行ってくれた。

夕食はかくて政太郎さんと、農協だったかの勧めから帰った息子と私の三人、青年は家に帰るとから、あたかもテレビから空気を吸うようにぴったりくっついていたものだ。政太郎さんは食事前に一人摂るものがあるとて大いに忙しい。まず牛乳一本飲み、次いで、台所の床に据えてある食卓の引き出しから箱膳を取り出し、小皿を蓋してあった御飯茶碗にたっぷり湯を注いで飲む、中には六、七本の姿のままのセンブリが入っているのだ。

それから蝮の入った一升びんを持ち出して猪口一つの液をあおり、その間には銚子一本の清酒の燗の手配もして、そしてやっと晩酌という形になった。酒の間に卓上に出したアルミの弁当箱の小芋の茹でたのをつまむ。これが何ともおいしい。大きくとも親指大ぐらいの、ほとんど指先ばかりの里芋の子を皮つきのままに塩茹でしてあるのだ。小粒なのにいたって味が濃く、柔い中にもしっかりした腰さえある。あんまりうまいといったら、まだ残っていた笊の方のもくれた。

政太郎さんの語ってくれたのには、狼の話の他にも不思議なものがいくつかあった。山での怪にはカシャンボというのがいる。昼日中に木が倒れた音などがする。しかしそこに行って見てもそんな形跡がまるでない。城ヶ森といったら、前にいう狼のねやのあったところで龍神村から有田郡の方へ越す道にあるのだが、政太郎さんは、林栄《えい》さんという、山を見て見積りをする人と男三人ばかりでこの山に行って音に出合ったことがある。城ヶ森の三角点ある前つらの道でさこ（谷）なったところにいた折で、二間ばかり先にばさんばさん石とぶ。あの音聞いてみやんか、何ならよ、とて三人で行ってみたが、石も何もとまっとらん。こんなのを人はカシャンボがいたずらするのだとか、天狗さんの態にいうんじゃのという。

このような怪異が山に住むほどだから、里にだっても恐れとなす荒ぶるものが在り、人を脅かしていたものらしい。オガミヤといっている神人というか占い人がいて、以前は何かにつけて不都合があればこれに拝んでもらって、お祓いなどをした。近所にきみ子という人あり、その子どもがどういう訳か体が弱い。まま食べりゃ身に持たんで痩せて育たない。ある時そのきみ子が、「あの子の命拾うたぞ」といっていた。子どもがあんまり柔《やりこ》いもんだから、上富田、篠原のマサエという拝み屋さんに行ったら、三日の命危ないぞといわれた。先祖がたたっていると。それで祓ってもらったらまま食べたのも身に持つようになるし、元気になった。命拾うたというのは、その三日の期限内に行き終せたということだろう。

またこれは神拝みではないが、まじないに継がることだ。政太郎さんは四、五歳の折、ハビ（蝮）にかまれた。

「ぐちなわ（蛇）にくわれたってひじったた（叫んだ）んよ。そしたら家の者たちがそりゃあハビにくわれたじゃと大騒ぎし、おじいさんが、そのハビ捕っておかにゃあハビ動く度に傷痛むとて皆で捜し捕って来てくれよった。よほど上《かみ》の方だったそうだ」

# 和歌山県清水町

## 四月一日

朝一〇時に大熊を立ち、二里半ほど歩く。護摩壇山《ごまだんやま》まではどのくらい歩くのか、川に沿っての道はまだ大して登りにもなっていない。とうとうライトバンに乗せてもらう。登るにしたがって気温がだいぶ低いのだろう、下ではとうにほけた蕗の薹《とう》が道際にのぞき、馬酔木《あせび》の花と、アブラチャンらしい枝先を黄色に染める花が盛りだ。高野町相ノ浦の人だという車の持主、馬酔木はダニノキ、黄花はムラダチと教えた。

護摩壇山上で降ろしてもらい、右を奈良県と分ける、空中に身を置くような高い鞍部を行く。気温が低いも道理、足許にはまだ霜柱があるのだ。附近の林の中で一きわ目立つのは、サルスベリのような木肌をしたしごく赤い高木、大熊で政太郎さんがアカギといったのはこれのことだろう。堅い木で、チョウナの柄にする。花色に白、赤、黄色があると。中辺路《なかへち》町の宇江敏勝さんと果無山《はてなしやま》に車で行った時に見たのもこれだ。宇江さんは名前をエンタといった。あの時の色よりもこちらはいっそう赤が濃く鮮やかなのは、湿りを帯びた深山の気のゆえか。たとえていえば、水彩絵の具を紙に置いて、まだ乾く前の色だ。

笹の茶屋峠というところから分かれて細い山道に入り、林の中を下る。多くは杉林だが、その中に馬鹿でかい切株のむき出しになった一画があった。往時はどんな大木が茂っていたのだろうか。その一つの株の元に寄って昼食をとる。大熊の政太郎さんのところで、むすびをというのに、それよりは子芋の茹でた方をともらって来た。

日光社は峠から下って、二、三〇分のところにあった。小さな社三つに、社務所を兼ねるらしい長屋門ばかり。昔はこんな山中に堂棟数を連ねる一大修験場だったという。それが信仰もすたれれば、火事にもあって面影なくなった。野々垣内の青田さんが、昔ここの祭には夜ごもりがあり、性の解放があった。彼の子どもの頃、その時分になると、大人たちは日光山詣って来《こ》うで、といいいいするものだった。「娘もかかも」と話していたところなのでもある。杉林の多い中、小二時間も歩いたら、ぽっかり山の中腹に出た。

村から抜け出たところは山の中腹、ただちに一軒の家があるらしく、犬四、五匹がもつれ遊び、一人の婦人が畑を起している。畑の面の雑草、どれも名前は知らないといったが、ホトケノザにだけはトウダイと名をいった。軸の先に丸いうてなのあるところ、燈台ではあるが、もちろん、航海の道しるべのそれではなく、各家の夜の灯、マツ（肥松）を焚いた燈台なのだろう。十津川村でもトウダイグサと呼んでいた。眼の前にV字形の深い谷、谷をへだてた向こうの山の平にも一、二軒、しかし、流れの元まで降りたところにはかなりの家数がまとまってあった。

入り口の大きな一軒の家に寄る。玄関先には半紙に墨の手形押し、八八何の何々と名を入れたのが掲げある。これは他でもたまたま眼にするものだ。八八の年祝にあった人が手判を押して配るのだろう。それから軒下に節分のヤキカガシが突きさしてあるのが見える。その串たるや六、七〇センチにも及ぶ堂々たるものだ。いちばんてっぺんに生鰯の頭、その下に、いささか干からびた四角に切ったものと、さらに下に大根の輪切りがさしてある。主の正夫さんにうかがうに、四角のは畑芋（里芋）だという。串はつきさす部分も要るから、一メートルぐらいの竹串を用意するそうだ。年越には五軒ほどが集まってゴンパチ（イタドリ）を持ち寄って焚く。その火に右の串をあぶりながら、

鬼のふんぐり焼き、猪《しし》さの口焼き
蚤も虱も　みな死んでしまえ

と唱える。

なぜ、ゴンパチを特に焚くかは、これが竹と似て大きな破裂音を立てることにあるのだろう。龍神村

でもスズ竹や、ゴンパチや、同じくはぜるニベノキ（ウツギ）を焚くといっていた。

正夫さんに、龍神村で聞いた、こちらでは死人をすてるという話は本当かどうか問うたが、そんなことはないという。昔から土葬であると。ただし、墓がとんでもなく遠くにあるのは話のとおりだという。隣の下湯川との境の峠から山に入って行った高い山の上にあり、達者な者でも往復一時間、普通は二時間近くかかる。それではお詣りも難儀だろうと同情寄せれば、ここには葬式の時行くだけで、その他に行くことはいっそうないのだという。

そんなことだから、なおさら山中の墓は不気味な存在であったのだろう。正夫さんは、彼がまだ青年の時やった胆試しのおかしい話などをして聞かせた。当時村には若い衆が三〇人もいたそうである。村に幾軒か宿になる家があって、彼等は毎夜そこに集まって遊ぶ。

正夫さんも含めて、六、七人が寄っていた時、誰ぞ墓まで行って来れる者がいるか一升賭けようということになった。これに宗一《むねいち》という者「うら（自分）行て来る」と申し出て、印に挿す栗の木の杭と、槌とを縄でくくったのを担《かた》いで出掛けた。ところがいくら待っても帰って来ない。これには皆あわてて、カンテラ下げてさがしに行ったら、墓場の入口で倒れて気を失っていた。

その折は寒い一二月の頃で、着物の上にアッシと呼ぶ厚い毛織物の上衣を着、上からへこ帯をしめていた。その帯の端を杭と一緒に打ち込んであった。これではいざ帰ろうとするにどんな恐ろしいことが起ったか察しもつく。水汲みに行く騒ぎをしてそれを吹きかけたらいきり返って来て、ああえらいことだったといった。後で皆して一升の酒飲んだという。

正夫さん方の若い嫁さんに宿を頼んでみたが、家族が多くてと断わられた。学校給食をやっている人で二人暮らしの家があるからそこに頼んでみなさい、という。のぶさんというこの人はちょうどの車のところに買物に出ていたが、訳を聞くと一つの質問発することもなく家に伴い行ってくれ、また家にいた御主人も、まるで知己でも迎えるようにして歓待してくれた。

停年退職後、娘婿と共に山登りをしている。北アルプスにも行ったりし、旅先で人の情も受けているからという。夕食に酒盛、二人は滅法に強い。

日光山の話を出すと、昔はこれのお祭りはたいへんな賑わいだったのだという。

# 三　奥多摩の話者とお話

# 原島豊吉さん

奥多摩辺を歩いて見ようと思い、昭和五九（一九八四）年二月六日に家を出た。その日はどこに泊まったのだったろう。七日の朝には奥多摩にいた。

通りの際にある郵便局に立ち寄って、この辺にいい話者のあるなしを聞いた。ところがここに氷川小学校の校長さんがおられ、そこは民宿もやっておられるといってぜひ訪ねるようにいってくれた。たいてい〝長〟のつく人の話はどうも眉唾もので、夕方訪れたが、どうしてどうして、原島豊吉さんは素晴しい話者だった。切れることなく話が続き、どれも繰返し語り抜かれたように整い、面白い。おじいさんから伝わっている話も多いから、年代の巾もある。

夜二時間位と翌日昼過ぎまで続ける。ことに男女関係にふき出す。

出かける前の疲れ、前後の睡眠不足、夕方まで無理して聞いていたので、翌日は朝から頭痛がしていたが、昼過ぎ気分悪くなり、昼食なしでダウン。激しい頭痛で吐く。主人に背押してもらう。

以下は、原島さんから聞いた話である。

## (二) 隣家

隣の家はうちとくっつくようにしてあった。一メートルぐらいしか離れていない。親類だったせいもあろう。娘にスエ子さんとユラ子さんいた。スエ子さんは美人、あんなきれいな人いない、今もどっかでいる。ユラ子さんは嫁に行ったが、子産んだ後、ころっと死んでえらい騒ぎした。

美人なので男衆が沢山寄ってくる。だが母親がうるさくて夜這いなど来させなかった。自分の家は、風呂が家の前にあったが、隣のは、家の裏手に別棟で建っており、後ろが石垣で、男がそれ登って覗き込む。

これを防ぐにスエ子さん、自分を誘って一緒に入る。「とよいるか、風呂入ろう」と呼ぶ。大ばなししながら入ると人来ない。自分が目ざといこともある。スェ子さん俺を洗ってくれ、俺も向こうを洗う。内股《もも》まで洗わした。こちらは小学二、三年、恥ずかしいこと知らない。下の毛のところ撫でたりした。湯から上がるとひじろ（いろり）の傍あたるのに、菓子包んでくれたりする。

次にユラ子さん入るのに、湯冷めしたろうからもう一度入ろうといわれて、二度入ることもある。ユラ子さんはみだくなし（器量よしでない）、それに下に毛がなかった。スエ子さんのあるのを見ているので、そこを上から撫でながら、

「ユラ子さんのは毛がないだあな」

といったら、口を掌でふさがれた。

「他《ほか》の人には絶対いうんじゃねえぞ」

といわれた。

その後も折あるごとに、

「人に言ったあであるめえな、いうじゃねえぞ」

と耳許で念を押された。蔵行くのに提灯持ち、わざとさせてそんなことをいう。銭もくれる。また土産
に菓子買って来て、

「とよいるか」

と呼び、渡しながらにいう。

母親からも一度いわれたことがある。

「うちのユラ子のこと、いらんこといううんじゃねえぞ」

「いらんことってあによ」

といったら、

「毛のないことだあな」

といった。

それだから俺は誰にもいったことない。それなのにこの前友人と逢ったら、

「おめえはスエ子やユラ子と一緒に風呂に入ったあだってない、いいことやったんべ」

というから、

「あにいうだ、子どもなのにいいことやるもあるものかあ」

というのに、

「そんでも見ることは見たんべ」

っていうから、

「見たよ、触りもしたよ」

というと、

「ユラ子には毛がなかったんべ」

という。

あらー、自分では人に語ったことないのにどうして知ってんべと思ったら、誰それが夜這いしてわかっていたんだ。母親きびしくしていたのに、夜這いされていたんだあな。

これらの母親のおこまさんは、俺のおじいさんが世話した。息子のコウジさんには、河内のいい家の娘を当てにして、正式ではないが、他にやらないでくれと口かけていた。

おこまさんが子孕んだ。煙硝屋の和助さんが、かか亡くしていたが、妊娠承知で嫁にした。ところが和助さんがそちらの方が好きで一晩中寝させねえんだって、おこまはこんじゃあ殺されるといって戻ってしまった。そして腹の子はコウジさんの子だ、コウジさんと一緒になるといい出した。

子生れてしばらくしてのある夜、おこまの母親が、子をおぶったおこまを連れて隣家にねっ、こ、み、に来た。この母親はきついんだった。

くき沢名物御存知ないか
うりざね女に　みかげ石

と唄にもうたわれたぐらい。

お宅のコウジさんの子だから、引き取ってもらいたいという。両親困ってしまって、母親、裏から自分の家のおじいさん頼みに来た。ややあっておじいさん何くわぬ顔で提灯つけ、

「おやおこま、今日はああした（どうした）だか」

といって話に加わった。

向こうの母親がおこまに、ほんとうにコウジさんとあったんだなと詮議すれば、娘泣きながらそうだと答える。それで今度はじいさんが、向こうではこういっているけんど、お前はしたのか、しないのか

と問うのに、コウジさんは、俺はしていないといった。

そうしたら母親、にわかに眼をつり上げ、娘が乳をやるに抱いていた子をぐいっととり、ヒジロ（いろり）越しに投げつけた。コウジさんは膝上で抱きとめた。そしたら母親は、

「ほら見さっしぇ、子どもが可愛くて抱きとめたじゃないか」

と意気まく。

じいさんは女の方を見、コウジさんの方を見、弱り果てた。一生であんなに困ったことないとじいさんは、あとあとまでいい、いいした。

こちらでもよく問うてみるから、今夜のところはどうか引きとってもれえてえと説得して帰ってもらった。その後のじいさんのいいよう
「この馬鹿野郎、お前が子を抱くから話が妙なことになったじゃないか」

といえばコウジさん、

「飛んで来りゃあ抱くのが当り前」

「それなら、またぽーんと投げ返せばいいものを、それでなければ俺が傍にいるんだから手渡しに返せばいいのに、なんぼでも抱いてけつかるからこんなことになったただ」

それから問いつめたのに、交渉あったこと認めた。

翌朝、親類集めて相談し、おこまの方もらうことにするが、河内に断わりに行く人選に難儀し、じい

さんが頼まれる。

酒二升に包み金持って、一部始終うち明けて了承を乞うと、うちではまだやると返事していたわけでもないし、六右ヱ門《ろくえも》あにのことだからと、話わかってもらえた。

帰った足で、今度は酒一升持っておこまの家へ行った。母親、もう来るだんべと待っていて、

「おそいじゃないか」

といってなじる。夕べさまざまあったことはないことにして酒を開けてくれ、改めて娘ごをもらいに来るからといったら、

「そうともよ」

といった。

## (二) おとうさん

氷村のおとうさんは、三歳の時からツビにけばが生えたという話だった。髪の毛のように長くなって、切るのも厄介だから、しばっておいた。こんな話もある。

麦まき時は朝早く起きて、みな競争してまく。喜之助（これはおこまの兄で、じつにいい人間だった）は、川に肥樽の乾いたのを漬けておいたので、誰もまだ行かないうちにと思って上げに行った。ところが、

おとうさんもまた早いうちに済まそうとして洗濯をしていた。見る者もいないので尻はしょりして。喜之助はしばらく眺めていて、それから声かけるに、彼はどもりだった。

「お、お、お、お、はよう」

いい切る間はあったけれど、おとうさんは、はじめの声に驚いて立ち上がろうとした。けれど前の毛を踏んでいて立ち上がれず、つんのめるように川の中に落ちてしまった。

喜之助さん泡くって、「と、と、と、とんでもないことをしました」というのに、

「いいださ、いいださ」

といって助け上げられた。

氷村にタワという地名のところあって、傾斜地で広いところ、何軒ででも桑畑を持っていた。蚕の忙しいある時期の朝、おじいさんは桑切りに行っていた。誰れそれもその上に畑持っているので行っており、誰れそれも誰れそれも（話者、名前失念）行っていた。

ところがこの者たち、山からの帰りに草の道歩いて来たら、脚絆に血がつく、どうしたことだろうと話して行った。おじいさんも歩き出したら、股引に血がついた。

その前におとうさんを見ている。俺の家の杉林が桑畑に続いていて、そこから出て来るところだった。背に桑を背負い、手に何か包みをぶら下げて、そしておじいさんを見たら、道をかえ、飛んで行ってし

まった。普通なら、おはようとか、桑切り来たかねとか、声かけるのに、どうしたことだろうと思っていた。

家に帰ってから氷村の者たち、あにしたんだんべ、これじゃよっぽどの怪我したもんがいるに違いないと詮索していたが、三日ほどしておとうさんが子を生んだんだったとわかった。道の途中で生れそうになったので杉林の中に馳けこんで生んで、腰巻外して包んだ。じいさんが逢ったのは、その時の姿だった。腰巻もないし、血なども見られるだろうと思ってさけたのだったろう。

それからおとうさんは川に降りて子を洗い、自分の汚れも洗って家に帰り、縁に桑を下ろして、それから中へ入った。子生んだら、桑など放っぽってこればいいのに、ずっと背負って戻った。

おとうさんは長生きしたが、終いはひどく耄碌した。家は青梅の新町に越していたが、そこから「家に行く」といっては、方々に出歩き、何度もお巡りさんの世話になった。名前はいうし、小河内弁なので直ぐわかる。いつかも自分の兄が車で来て拾った。川井のあたりをこちらに向かって歩いていた。草履がすり切れていた。藁の草履が好きでこればかり履いていた。

「どこ行くだ」

といったら、

「家さ行くだ」

とこたえた。

喜之助は長生きした。九九だかで死んだ。俺たちはほうばい衆で行っていた。組が二組に分かれており、一方で死ぬと、他組がほうばい衆になる。この家は裕福だし、子孫や親類多く、酒の振舞い沢山に受けた。庭のむしろの上で、さて担ぐ段になって、仏教なら、「南無阿弥陀仏」と、掛け合いで行くのだが、ここは神葬なので、

「あんとちゅうとだか」

口々にいっていた中に、一人、留さんが、そんなら聞いて来ようとて、いちかわはじめ（孫、これは立派な人で、町会議員もやった）に問うたら、めでたいから、御輿担ぐようにしてやってくれといった。

留さん、小さいので担ぎ棒にあたらないのが、そんなら俺は旗持つといっていて、それがはじめに「ワッショイ」と叫んだ。それにならって一同もワッショイ、ワッショイの掛け声をする。行きつ戻りつ、揉むんださけ。

ここの墓は遠い。その間中揉んで二時間もかかった。家の者も泣いたりしない。ニコニコしている。終ってからもむしろの上で大振舞いを受けた。

あんな妙な葬式に遭ったことない。

## （三）東の家

昭和一六、七年、復員してきたら、山さんの家、肺病で死に絶えていた。

この家には片輪生れた。さめ肌っこ一人、でもあとで普通になった。次の子蛙っこだった。自分の母親が産に手伝った。肩なく、また腰がない。

こうした蛙っこは、河内むかいのおはまさんも生んだ。野村ドクターが母親に見せ、仕末した。どっかの病院に持って行った。これも山さんのところのと同じ格好だったらしい。

奥さん死んで、おひろさんという、お茶屋女を後妻にもらった。二人、夜になるとふざける。いろりの傍で飯食べるに、膝にのせて飯食わしてやったりする。

「東の家じゃ毎晩芝居するそうだ」

といって、村の人がのぞっこみに行く。

皆がそんなにいうので、自分も一度行ってみたことがある。三、四歳の頃か、家は直ぐ傍で、夕食後とことこ行った。そしたら煙硝屋の和助さんもノボルをおぶって来ていた。普通トンボウ（玄関口）は、大戸があって、潜り戸がつく。東ではそれを止して、下が板戸で、上が障子の半障子にしていた。その障子に穴あけてのぞく。だが自分は小さいのでとどかない。

そのうち背負われているノボルが、お父《とう》、見えねえじゃないかといった。和助さん、その場離れながら、この馬鹿野郎と尻ぶって叱った。

それで自分も帰り、芝居があるっていうのに見えなかった。和助さんも来ていて、ノボルがこういったら叱られたと話したら、母親に、

「子ども行くとこでねえ」

とおこられた。

こんなふうにして誰だかのぞっこみしていた時、山さんが裾から手を入れたのに、「あらみや古《こ》がのびるわよ」といった。みや古は赤いメリヤスで、ずんどう型、足首まである。みや古腰巻ともいう。飲み屋にいたから、こんなことばつかうのだ。

このせりふ、小河内中にかなり長い間流行した。男が女に手出しをしたり、いたずらしかけたりしたのに、すかさずそれをいう。大人も子どもも、家で兄貴が触ったのに、みや古がのびるわよといって母親に叱られた。

山さんは旦那で、お膳の中に練乳いつも入れていて食べる。うらやましかった。山も六、七〇町歩ある。おひろさんもらう時「てあてをつけろ」といって来た。持ち山のいいところ、何町歩だかひろみの名義にした。

山さんは梅毒だった。それが脳に来ておか溜《だめ》に入って死んだ。おか溜は、内便所がいっぱいなったら

ここに移しておいたりする。簡単な屋根がけする。だがひろみが前から年寄の山さんに満足せず、別に男がいた。その男が山さんを押し込んだとの噂があり、警察が来て大騒ぎだった。

その後、ひろみはまだ二七だったので、組で相談して婿とった。自分の兄らが世話人、ゆくぞうが婿、ゆくぞうの兄のところにもらいに行った。その兄、直ぐには返事しなかった。自分の兄が、彼がきっと何かいってくるぞといっていたら、案の定、「そんな縁起の悪いとこに、き息子やるのだからてあてつけろ」といって来た。

ゆくぞうの兄さんが土地をとろうとの魂胆だったのだろうが、弟もその通りいくような人間でなかった。二人して争い続けていた。

婿取りの当日、嫁入りでは婿が行くのだが、婿取りでは嫁の方がもらいに行く。ひろみ、角かくしかけ、嫁の姿で行くのに水かけた。おばん坂の桑畑にかくれていて。嫁には、子ら水鉄砲で水かけるのがここの習い。若い者がそそのかす。真竹で作ったリュウコシ（水鉄砲）で。ひろみは、子どもをののしってばかりいたから、この時とばかりまともに水かけた。

ひろみは口うるさく、わめていばかりいる。それでウグイスと呼び、「また東のうぐいすが鳴いてらあ」と、人々聞いている。

ひろみ、水をかけられて

「このちきしょうめら、あとで承知しないから」

とおこり、年上の子から一人ずつ名前叫んだ。一人一人名前よぶんだもの。
婿もらってから、ひょろひょろ子生んだ。六、七人。これらはみなまともだった。

## （四）嫁どり

嫁取りの時は、目ぼしをつけたら、近所の人たち集まってもらって相談する。これこれをもらいたいと思うがどうでしょうか、よろしく頼みますと。一人（組長など）を世話人として頼む。頼まれた者、一応「他にも人があんべ」などいうが、引受けて、酒持って嫁方の組頭や顔役に頼みに行く。それが嫁方の世話人となって交渉にあたる。

女の親がどうしてもくれないようだと、友だち衆かたって連れ出すことをした。ツレダシという。頼みとする人の家とか、また自宅に入れる。それから交渉する。たいてい親折れる。

しかしそうでない親もあり、Yさん（聞き手が失念）の父親、しょいこ（背負板）の麻縄持って押しかけ、でい（座敷）にいた娘をしばって連れ戻した。女、泣きながら引っ張られて行き、男のOさん（聞き手が失念）、鉄砲ぶちだったから、それ持って表に出、父親に狙いつけ、まさに撃とうとしたが、やめた。後になってOさん、あの時、人殺しすることにならないでほんとに幸いだったと、交々《こもごも》述懐した。

腹いせに、すぐ嫁見付けてくれろと親にも人にも頼み、南《みなみ》（村の名）からさっそく嫁どりした。

## (五) とんびじらみ

おいっつぁんは留さんの子。留さんは博打で一〇回目に捕まる時、のがれて八丈島に逃げた。一〇回目だと長く拘留され、労働などもさせられるらしい。もともと炭焼だったが、八丈島でも炭焼して一〇年（時効まで）過ごし、人妻連れて戻って、一軒離れたところに住んだ。娘が三人いて、下にまさのり、これが同級生でよく遊びに行った。おいっつぁんは中せ（真ん中）で、娘たちはみな茶屋奉公。

いつか遊びに行ったら、おいっつぁん、大きな乳出し、前を広げて、下の毛をすき櫛ですいていた。すいてはその櫛を傍の洗面器の水の上に指先でほろき落す。その水面をじっと見ていたりする。傍寄って見ると、水にはわやわや動くのがいる。

「おいっつぁん、それあにょよ」

といったら、

「とんびじらみよ」

という。しばらくそんなにしてから、

「おめえ、あにしに来ただ」

というから、

「まさと遊びに来たのよ」

というと、そうかといい、毛についた卵をつぶしてくれろという。つぶしてやった。こっちは一、二年生、小さいからちょうど顔が向こうの毛のところになる。卵はかたくついていて、取ろうとすると毛が抜けるほど。死んだのは音しない。

とんびじらみは、頭が喰い込んで、尻の方とってもまた育つ。水につけるとふやけるので、それで櫛にかかるようになるのだろう。毛が長かった。村の男たち、毛深くていい按配だといって通って、とんびじらみ移された。

とんびじらみは頭にはつかぬ。下・わきの下につく。眉毛についたら人死ぬという。軍隊で二度たかられた。風呂でつく。友人同志剃り合う。そう命令される。だが、けつの毛が剃りきれないので駄目だ。ひそ軟膏だと、一晩で卵まで死ぬ。

## (六) 正月

正月一四日から一七日まで毎晩せえの神やる。ドンド火燃す。子ども、
せえとーぎをくれさっしぇい

と叫んで家々もらい歩き、家々では木株や割れない木など出しておく。それを積み上げ、まわりにカドノボウなど寄せて燃す。青年たちは、いつの間にか女と消えていたりする。若い者たちにはそれが楽しみ。

一四日、おんまらじじいというのをやる。おんまらじじいの宿というのがあり、そこの家の神棚に、おんまらじじい、大きいのやら、小さいの吊るしてある。

他に藁で丸く編んだのに、中に石入れたのを、縄の先にしばりつけたのがあり、縄の端は輪になっている。子どもがもらいに行くと、宿の主が拝んでから持たせる。子どもは村の家一軒ごとにまわり、このものを座敷に転がす。縄の元の輪に手を入れて縄をたぐりこみ、座敷の床上に投げ転がすのだ。投げたものは、反動でまた手許に転がりもどる。その勢いや音のいいほどよいといった。以前の床は高く、子の胸ぐらいあった。

ひとっ転がし　千俵《だあら》
ふたっ転がし　万俵
みっ転がしで　福が来る

家の人は、これで悪魔も来めいし、悪病も来めえといって物くれる。たいていが銭だった。

餅やら菓子なら後で分けるが、銭は、

「えらお祝もらったが、どうしべえ」

と若い衆に相談する。すると「そうか」といって、提灯つけて河内まで買物に連れてってくれる。子ら、それ帰るまで火のところで待っている。

「お前子の世話をしてやれ」

といわれる若い衆がいて、これは悪いこと教えたりなどしない。

河内までは一二町（約半里）あり、いやな場所ばかりある。「赤子淵」、「やまなしの滝」など。

## （七）赤子淵

小指《こざす》に一軒屋あった。ある夜、乳飲児眠っていたので、それ置いて、やまなし（字名《あざ》）に湯もらいに行った。ところが帰ったら子いない。誰も来た様子ないし、まわりさがし巡り、みなみ（字名）や周辺まで聞きまわった。

翌朝、家の下の淵に首なしで浮んでいるのを母親が見つけた。犬か何かに食われたのだろう。どんよりして、ろくに流れないいやなところだ。

このあたり、深い沢になっていて、こううそ（かわうそ）が鳴く。交尾期なのか、寒い時期だ。ひどくいやな声、ちょうど赤子が首しめられて、ギャーというような声で、間を置いて繰返す。雪あって、月のかっかと照る晩など聞くと、ほんとうに怖ろしい。

ちょうど道の半ば頃に、やまなしの滝がある。

## (八) やまなしの滝

やまなしの滝があって、その上にせと尾根が続き、滝の上にかぶさるようにして藤がいっぱいある。ここには天狗《ごう》がいて、砂を撒くといわれていた。しかしあれは、藤の実だ。

学校生徒の時、新聞配りをやった。学校帰りに受取って来たもの、部落の何軒かに配る。ある日それを忘れて、家に帰ってからまた取りに戻った。帰りは暗くなって、片方の手で岩をさすりながら、く、く、く、と歩いて来た。

そしたら突然、眼の前に黒いものがふわっと現れた。両方とも、「う」とか、「わ」とか声出したように思う。でもさすがに向こうの者から先に、

「おめえ、誰だ」

といった。その声が屁っぴり治助さんのようだった。それでこちらも「治助さんか」といった。

治助さんは山で炭焼していて遅くなり、鎌で崖をさすりながら来たのだった。

それから別れて行き、やまなしの滝まで来たら、パチッと音がして、パラパラパラと頭の上に何か落ちて来た。怖い思いをした後だから、気が少し大きくなっていて、崖に身を寄せてじっと様子を見ていたら、またパチッと音がして、そのパラパラは足許にも落ちてきた。しゃがんで、落ちたものを拾ってみたら、藤の実のごた（如く）あった。家に帰ってみたらやっぱりその通りだった。おじいさんに、

「天狗《ごう》が砂まくっていうけんど、藤の実だった」

というと、

「あにいうだ、天狗《ごう》がおめえ、尾根に住んじょって、人が通るのに砂まくだ」

「だって、パチッぱらぱらと落ちたので、崖に身を寄せてしばらくいたら、またパチッぱらぱら落ちてきたから拾ってきたら、藤の実だったあだもの」

といってもおじいさんはてんで受付けない。でも兄貴に、

「お前、案外と度胸あるんだな」

と賞められた。

川に、てんごう淵の名は方々にある。岫沢《くきざわ》だけでも三つある。炭焼落ちたところや、また樋屋が落ちた樋屋淵などもある。はじめは落ちた人の名いっているけど、古くなると、天狗《ごう》淵になるらしい。

屁っぴり治助さんは、よく屁ひるんだわ。

## (九) うるし

普通水車は共同だが、ノボルの家では一軒で持っていた。川にセゲを設けて水溜め、それだけでは落差ないので、そこから水引いて水車をまわす。

そこを男の子たち、なお水深く溜めるようにセゲのもう一方にも石やら、横木渡して日中の泳ぎ場にしていた。自分と同じ年頃までは男はフリマラ、女はフリッビ。

スエ子さんたち、同じ頃の女が四、五人近所にずらっといた。これらはノボルと同じ年頃、女たちも泳ぎたいが、昼は恥ずかしいので、夕方、薄暗くなりがたから行く。上は裸、腰にだけごく短い腰巻する。泳ぎ用に作っておいたんだろうか、赤やら、柄のメリンスやらだった。

ノボル、

「あいつらは、俺たちの作ったところで泳ぐから、しょうづけて(しおきして)やんべ」

といって、自分たちを召集した。

泳ぐところの少し上流に、ノボルの家のウルシの木ずっと植わっている。ノボル、

「おれ登って枝下ろすから、おめえらは下で拾って束ねておけ」

そして木に登って次々下ろす。小さい束が一〇ぐらいも出来た。

それから夕方までまだ間があるので、菓子買ってこさせて待つ。それでもなお早いので、もう一回菓子買ってこうというので、俺が買いに行ったりした。

そろそろ夕方となって、女たち来てるかどうか見て来いという。一人が行って来て、石の上で着物脱ぐところだっけと報告。その泳ぐところには、傍に大きな御影石があった。

それじゃあちょうど頃合いだ。おめえたち、さっきの束を踏んで川に流せというので、皆でそれをやった。

俺は手伝う仕事もあり、また暗くなるまで遊んでいると親から大層おこられるので、気が気ではなかったが、その日は幸い大しておこられずにすんだ。ただ体のそこここが痒いような気がした。

さて、翌朝眼がさめたら、表が騒がしく、グンジさんとこのおばさんとおこまさんがつけこみに来て、母親とてっ、ぴっ、とやっている。

「トヨがやったに違いないから、トヨを出せ」

という。母親が、

「トヨ、トヨ、起きろ」

と叫ぶ前に、俺は起き出したが、真暗で何も見えない、小便しようとしたが、出ない。起しに来た母親、その姿見て驚き、

「おらんちのトヨも、ひどいかせようだ」

といった。

男どもも、軽い重いはあれ、みなかせたが（ノボルは全然かせない）、女はひどいものだった。ことに股の柔いところがおそろしくなる。大人のは見たことないが、子どものかせたの見たことあり、はじけたようになる。痛くて歩けない。

定子は軽い方だった。グンジさんのところのムラちゃんいちばん重く、治るまで二か月かかった。夕方んなるとグンジさん、桑とり籠のいちばん大きいのを担いで出掛ける。グンジさんどこ行くだんべと人々いっていた。籠の底に布団を敷き、ムラちゃんをそっと抱き入れて上から風呂敷をかぶせ、麦山の野村先生まで背負って行く。はじめは毎日、後から一日おきになった。

ノボルの父、和助さんのところに「ノボルがさしたあじゃねえか」と、皆苦情をいいに行き、和助さんは、女五人に膏薬代を出して謝った。

ノボルは悪い野郎だった。がき大将。高等科になったら色気が出た。マラに毛ばも生え、それを小学三、四年の自分たちに見せる。「こうならねえとなんねえんだぞ」、また「こう大きくならねと駄目なんだぞ」といって。女にかまいたくってしょうがない。

学校で高等科一、二年の女たちが校舎の窓などに寄りかかって立っているのに、ノボル、自分たち下の子に鏡を一人ずつ順に渡して、ツビに毛ば生えたか調べて来いと命令する。下の物拾う格好などして見て報告する。

たいてい感づかれずにすむが、キサクという子、これは何やらしてものろかった。定子につかまったことある。定子はいちばんきつい。

「あにおめえしてっだ」

といって、首ねっこを地面に踏んづけられた。女たち皆して「誰に頼まれただか」といわせようとしたが、名前出さずに逃げ終した。

学校は小河内に二つある。小河内東小学校と西小学校、俺は東小学校、同級生は四六人だった。

学校から帰る時、おち沢橋を通る。ノボルが菓子を買い、いつもの仲間五、六人、橋の上で輪になって菓子を食い、それからノボルの命令で橋の上にねる。ノボルは近くに身をかくす。女たち渡ろうとまたいだら、ツビの毛ば生えたかどうか観察しろとの用向き。

女たちが通ると、きつい定子が、こらどけろと、蹴っとばして通る。次にスエ子さんは隣なので自分のところに来て、トヨ、どけろというので、仕方なく身を動かす。

そんなこんなで通る間、どうしても渡らないのがいる。そういうのは生理の時なのだ。ノボルもそれを承知していて、いい加減なったは合図をし、自分たちは、ああ帰んべといって起き上がって帰る。

ノボルは、物かげから一部始終見ているのだ。そして、誰々が上手だった、誰々がよく見ていた、頑張ったなどとほめる。

ノボルは子どもの時は少し足りないように見えたが、後には立派な青年になった。軍隊に入り、一・

一五に連座した。

銃剣術がよく出来たのが悪かった。胸を突かせるので、胸部疾患で死んだ。普通の剣術教える時なら、突いたの受ける時身を退くが、軍隊では引くなという。どのくらい相手の力強いか、受けるようにいわれる。

ノボルの家を煙硝屋というのは、昔、その密造していたからで、尾花坂に煙硝作りした跡がある。江戸から流れて来てはじめたらしい。

大便からとる。それだけで少ないためか、後で牛を飼い、それからとった。溜を設けておき、それを広げて干して、エブリで寄せる。ほんの少ししか出来ない。出来上がると、お伊勢まいりと称して出て行き、江戸あたりで売ったらしい。えら速かったじゃねえかというと、駕籠で行ったからなど答える。

## （一〇）和十桑

和十さんという人、伊勢まいりの折、どこだかの茶屋で休んだ。ふと見ると、土間に桑苗束ねたの置いてある。普通の桑は互い違いに葉が出ているのに、それは、間がせまく、数多く出ている。

茶屋では、人に渡すのを預かっているだけで、譲ってくれといってももらえそうがないので、店を出てから、「杖忘れた」といって戻り、束の中から一本さあっと抜き、末折っぴしょって、杖のようについて店内通り抜けて来た。誰も怪しまなかった。

和十さん、外に出たら直ぐに根の方風呂敷に包んで持ち帰り、苗を殖やして売り、「和十桑」と名つけて、大儲けした。

桑苗作るには、桑の木を、なるべく地面近くで切り、切った後の株に枝がのびるから、それを伏せるといって地面に埋め、その埋めた部分に根がのびるのを、二年目で切る。ちょうどステッキの柄のような格好になっている。和十桑は普通の桑が右、左、右、左と葉がついたら、角度を変えて、また同じように葉がつく。葉数が多い。倍もある。木は黒ずんで、実はなり過ぎるほどで、寿命も長い。

和十さんは、ひいおじいさんの親ごろの人。

## （一一）え淵

淵はこのようにして出来る。角地で、多摩川がぶっつかるようなところが、台風の時えぐられて、深くなり、渦を巻く。その後、川はその端の方通るので、流れの横によどみが出来る。それが淵《ふち》、水巻いているのでマキともいう。

え淵には、きれいな女がいて、機を織る。誰も怖ろしがって、釣にも投網《とあみ》にもよりつかない。

善作という投網の名人、織姫も何もあったもんじゃといってある夕方行った。そこは魚のいそうなところで、投網は暗くなってがいい。

さて、投網を入れて、持ち上げたらいやに重い。投網は、持ち上げたら陸に上がってそこで魚を外す。そうやって広げて見たら、赤子がボロに包まれてあった。

善作、人の止せていうことは、せぬもの、行くなというところへは行かぬものじゃと、しみじみ述懐していた。

赤子は、届けたりすると、調べやら何やらで厄介するから、そのまま元に戻した。

## (一二) ごぜ淵

昔この辺には、おてごごぜが来た。おてごさんという中年の手引に引かれてくる。煙硝屋が宿。ごぜは、男の相手もしたということだ。申し込むと、手引が組合せ決めたりする。

このごぜではないが、昔ごぜ三人、道を尋ねた。聞かれた者、銭使わされるのは迷惑と思ったろう。ここは小さい村で駄目だから、次の村行かっしゃいと山の道を教えた。

この者、人にも自慢げに、だまして追いこくったと話していたが、このごぜたち、川落ちて死んだ。教えた家はその後絶えた。

## （一三）松原大助

昭和四九年二月九日。

昼まで豊吉さんのところで話聞き、紹介された大助さんを訪ねる。豊吉さんに夜這いのことを聞くと、自分の時はもうなかった、大助さんならそれやった頃の人だといったのだ。

だが大助さんはかたい人で、夜這いなど聞いても話にならない。このうちでも民宿をやっているので世話になることにする。

夕食後、酒が入って気安くなったか、部屋に語りに来てくれる。

家内四七で亡くした。みんな若やもめで淋しかろうというが、少しもそんなことない。次々いくらも後家が出来て付き合いした。死んだ者には気の毒だが、こちらは多くの女と楽しみ、思い残すこともう何もない。俺が七三、向こうが七〇まで男女関係したが、間違いが起きてもと思い、やめた。この辺で潮時だと思い、もういいかんべと思って。

この女とは二〇年つき合っている。床屋やってる。子は三人いて亭主と死に別れ、近くに来ていたが、今は遠くなったので行っていない。近所にいくらもいるだもの。

女は金だあな。仕事もしなくなって、金ないので遊びやめた。この女とは旅館で待ち合わせる。金はどうでもかかる。小遣いもやる。こっちはあんきな身だが、向こうはまだ金が要るだもの。

二番子と仲いいんだわな。これが跡ついでいる。その嫁が女と同じ福島の出身で、それが生きていればよかったものを死んだ。また別のをもらったから、それで今度はいいと思うだが……。今でも顔ぐらい剃るといっていた。手紙で来いといって来て、こんな（着ている洋袢天をさして）もの送って来た。こっちもこれ（指で丸い型作って）送ったけんど。

夜這いはした。一八の時、一六の女二人持っていた。一人の女とのきっかけはこうだった。男四、五人で通った時だったが、ちょうど女が家の前に出て来た。皆で引っ張るように、連れて行くようにからかうと、女、自分の腕を取り、いやだ大さんは引っ張るんだものといいながら、女が俺を引っ張るだもの。蔵のようなところでじっとしていた。仲間たちさがしに、直ぐ傍まで来たが見つからないで、皆去った。

その晩痛がって通すことが出来ず、次の晩、別の男が来たのを振り、その後自分が行って事を成した。拾いものしたこともある。若い衆宿に寝ていたら、表で男が女に盛んに言い寄っている。女は逃げて宿に入り、自分の直ぐ傍に入って寝た。もちろん関係した。こたつには二、三人寝ていたけんど、眠る時があるだあもの、それだからひろいものといったあだ。奉公に出ていた女だった。

人には不思議に、好かれるものと、そうでないものがあるだあな。自分はよく好かれたあだ。女たちち聞いてみると、気持だという。

戦争に行ったのは三七歳、帰ったのが三九で、帰ってみたら家の小屋に、一六で俺が最初の男になったその女が、東京から夫と家族連れて引っ越していた。一年ほどしてこの亭主死んだ。

焼けぼっくいに火がつきやすいっていうのは、本当だあな。関係持って、かかに何度も叱られた。四年ばかり続いた。

この前、ダム二五周年の記念祭あった時、この女も来ていて、俺がいるところに寄って来た。俺の傍には男がいたが、これは振られた男なのでいい気持せずに、ぷいっと向こうにいってしまった。初恋の味って、忘れられないもんなんだあな。

かかとは、やるのがあきたようだったが、相手変ると元気んなる。変ったものがええだあな。ねえしょ（内証）が面白えもんだあだな。

これも、亭主いる間から内証《ねえしょ》で関係していたものいる。若い時から俺に惚れてるだあもの。従兄弟の夫だったが、体弱かった。男五一で死んだ。女は四九で後家になった。この女と、自分の家内、それから俺もおない年。

一年ぐらい我慢してるだが、それからは出来ねえもんだあな。一年して、どうしてるだねと顔出したら、こっちからもいおうと思ってたところだったといった。関係続けていたが、五八で死んだ。

後家たち、声かけてみると、待ってたとばかりなびく。金出さない男では駄目だ。金よこせなどとはいわないが、一人だけ請求したのがいる。持ってないというと、この次まで貸しておくなどいう。

近くの店の後家は五、六〇だった。これは一人暮らしなのでいちばん安気。家人には、床屋行ってくるなどいって、さっさと行く。戸に鍵しめてこと行う。村の人どんどん叩いてやめないようだと起きて行く。ちんぽ触った手で品物握るんださけ。洗ってるひまなどないんだあもの。週に二回も、三回も行くだあもの人には知れるだ。

他の女は見ないが、かかは夢に見る。二人して横に寝ているのなど見る。

二年前までは、息子と一緒に土方に出ていたが、足首に水溜まって今は行かない。それさえなければ働くのだけど。

## （二四）つや種

和十桑のように新しい苗広げたような人いるかってえと。

じゃがいもにつや種っていうのもあった。

留浦の岡部つや吉が広げた。鳥でも山に持って行ったのが野生化したのか、山にあったのを持って来て、種作り売ったあだ。

この人は、ぶいとうだった。いつもぶいぶいいう（ブリブリして、愛敬ないさま）、「今日は」といっても「ハイ」、「寒いじゃないか」といっても「ハイ」、それでつやぶいの仇名だった。

　ある子ども、

「つやぶいの種を売ってくなさい」

といったら、それに「ないよ」の一声。他へやってしまってとか、もうなくなったとかいわないで、ただないよとだけいう。そういうのをぶいという。それで人々、つや種をぶいだねともいった。

　他に、治助さんのはじめた治助っつるいも、また、治助種もあり、これは男爵と、細長い芋の中間ぐらいで格好も味も、文句のつけようがないぐらいつや種とそっくり。

　普通はトリッケエシといって、種子の質落ちる。二年で半分の収穫になる。したども、これら二種とも、幾年でも作れるだあ。身がしまって、味がいい。治助は河内の人。

　屁っぴり治助って豊さんがいったのは、この人のこんだ。

　梯子《はしご》屁ひってみせるといって、ぷっぷっと二つひり、それから、コ（横木）をぷ、ぷ、ぷ、ぷと五つ六つ小さくひる。そんな風に屁をひれる人などあんめえ。

# 四　各地の旅から

# 宝引《びき》

昭和四八（一九七三）年の東北の旅で、津軽半島西海岸、中里町を通ったのは九月の一五日であった。その夜は町の旅館に泊まり、翌朝遅めに出立した。中里町は小さな町である。いささかの商店街の間を通り抜けたら、たちまち村外れのようなところに出る。その出たところの道際に一つのお堂があり、女たちが集まって念仏申していた。

町を通り来るあいだ、年寄の人の話を聞きたいというと、今日は観音講とかがあっておばあさんたちは皆そちらに行っているといわれた。その集まりというのがここでのことなのであるらしい。堂の外に履物が四〇あまり、これではおよそ話を聞くには不向きだとは思いながら、ともかくもと、来意を告げて上がりこんだ。

内部は意外に広く、もと寺だったのであろうか、二間をぶち抜いたようなところに、奥に長老格らしいおばあさんたち、下に中年からの若手の人たちが輪になって並び、上座のおばあさんの一人の音頭取りで一同お経を唱和する。皆はそれぞれに経本を携えている。

一時間ばかりもお経申してお昼になった。それまで少しも気付かなかったが、堂内奥の半間ほど入りくんだところに、ここの本尊か、いたく古ぼけた木造の仏様がおられて、その前に誰も彼もの弁当を広げ供えてあったのである。それを賑やかにお下げして、前《さき》のままの円型で食事がはじまった。皆思い思いの弁当ごしらえをして来たらしい。漬物が多いが、それらを互いにすすめては食べている。こちらにも二、三度まわって来た。

中でとりわけ美しく眼を奪う、そしてまたうまいものに山ぶどうの汁に浸けた御飯があった。たしか、飯は多分餅米で炊くのだったろう。汁を吸ってなお張りを失わない艶のある飯が、驚くほど鮮やかな赤色に染まっており、酸味があり、しかし、その酸味を包み覆って余る甘さがある、いわゆる寿司飯の格好だが、寿司飯のぱっさりしたのからみたら汁分はずっと多く、また寿司との違いは、お菜として、漬物として食べるとのことであった。

さて、昼食のすんだところで、こちらの目的である、昔の子ども遊びの取材に入る。しかし、反応がすこぶる鈍い。まわりの若手の人たちは少し語ってくれたが、かんじんなおばあさん方からはまるで声がない。この人たち全体に闖入者を避ける気運のあったこと、何とはなしに感じてはいたが、今日のお参りはこれですんだという。それなら帰りでもするかと思うに、座を立つ様子もなく、ただ何やらを待つごとくじっとしている。

そのうち、彼女らはこちらが帰るのを待っているのだということに気がついた。中でも一人の体格のいいおばあさんは、先刻からいやな目付きでこちらを睨《ね》めている。あれはあらかた私を去らせんがための一大念力をこめた目なのであった。彼女は中央部にどっかと坐っているからおそらく、牢名主ともいうべき実力者なのであろうか。

とうとう、輪の中の身も心も軽そうな一人が「おれたちはこれから遊びをするところなのだ」といった。何の遊びかと、名主ばあさんのしきりな牽制の下、問い立てれば「どっぷ引《ぴ》ぎ」であるという。どっぷ引きとは他でいう宝引のことで、一種の賭事である。この名ははじめて聞くことだが、これより前にまわった岩手や青森の東でも「どっぴぎ」と呼んでいたから同じ系統だ。これはどこでも遊ぶ。国中いたるところで聞くことが出来る。けれども私はこれまで、遊びに加わる機会は一度も得ないでいる。そういうことならなおのこと、是非にも仲間に入れて欲しいと、ありのままに頼みこんだ。

「どこでもやる」ということに人々はずいぶん驚き、かつ安心をしたようだ。だが、中央部はなかなか警戒の心ほどかない。その筋からのまわし者でないかなど評議しているらしい。これに対してまわりからは、「この人はそんな悪い人には見えねでよ」とか、「入れてやったらいいじゃ」などの声が聞える。どうやら名主ばあさんは決断の時になったらしい。それで尋問に及んだ。

「夕べはどこさ泊まった」

「坂田旅館」と私。これにもいちだんと人々の表情軟化した。町にはもう一、二軒の安宿と、上客用の坂田旅館とがある。このような場合、私は決まって安宿の方を取るのだが、この折だけはどうしたわけか上宿にした。名主ばあさんは、二、三人離れて坐す他所行を着たきれいなおばあさんを、自分の持ち物を自慢するようにして「これが坂田旅館のばあさんだ」と顎しゃくった。

「んだら今晩はどこさ泊まる」

続いて名主ばあさんが問う。

「それはわかりません。どこまで行けるかだってわからないのですから……。歩いていて暗くなったところで泊まります」

しかしこの解答は彼女を喜ばせなかった。そらやっぱり怪しいなどといっている。私はあわてて、

「もし、ここで遅くなるようなら、また坂田旅館に戻ります」といった。

これで衆議は決したようだ。もう腰浮かせている人たちもいる。けれども名主ばあさんは、なお一言《ひとこと》脅迫することを忘れなかったのである。

「このこと誰さもしゃべるんでねえじゃぞ。もし人に知れたら、それはお前がしゃべったってことがいっぺんにわがるんだばってんの」

場所は隣の部屋であった。こちらこそは堂と呼ぶにふさわしい、がっしりした八帖間ほどの四角一間の作りで、境の板戸を閉めれば隣の人声はすっかり聞えなくなる。入口は別にあって障子戸があるのだが、外から一人が、この入口にも、身の重みを全部かけるようにして厚い板戸をすべらせた。それから脇の明り取りの窓にも外からの手で同じく板戸が閉ざされた。光は一条とてささない。とうぜん電灯を

つけた。

遊びに加わる者一五、六人、円型に座す。掛金は五円である。めいめいがそれだけ出すと、一山になったものを輪の縁に寄せておいて、そこに一人のおばあさんが縄の房をばらりと放り広げる。縄は麻で綯ってあるのか、一本が指ほど、三本か四本どりに固く綖られた頑丈な品で、長さは一メートル七、八〇センチある。これを皆は争って拾う。さて、縄の元には一本にだけ、お手玉ぐらいに布で縫ったのに砂でも詰めたか重たいものがくっつけてあって、これを引いた人が、全部の銭を取る。

遊びの次第はこれだけだ。それならたんに静かにくじ引きが行われるのかと思うと、これがどうして大騒ぎだ。まず縄が太いし重いし長いしでこれを扱う親もたいへんだ。片手で大摑みにし、それを手首にぐるりと一巻し、体全部を動かしてまるで投網を打つごとくにしてばらまき、拾う方も、遅れればどうのということもなかろうに、はねる魚を押えるようにして我勝ちにとつかまえる。そしてこの後もただ開くというのではない。一度にゆるめては縄がもつれるとか、他の悶着の種ともなるのであろうか、親と子と、引っぱり合いをするような形に連結を厳しく保ち、小分けにしては振り分けて行き、「そっちに行った」、「ほら来たぞ」などと、これまた魚を追い込む熱意なのである。

続けるにしたがい部屋には熱気がこもる。北ではもう火も欲しい頃合いだったのに汗ばむほどだ。まわりからは紛々と女の臭いなども立ちのぼる。とうとう他所行着でこぎれいにしていた一人のおばあさんは着物を脱ぐところだ。袖口から片手を入れ、衿元に出す。その腕をぐいっと力強く上に押し上げて片腕脱ぎ、続いてもう一方もで双肌脱ぎとなった。しかし、一瞬素肌と見えたはじつは肉色のシャツで、しかもこの肉厚のメリヤスシャツを彼女は二枚も付けているのであった。

映画などで見る賭場のシーンでは、女は片肌、双肌脱ぎとなり、男は多く素裸だ。だが、あれは何も伊達でやっているのではなかったらしい。人目を逃れ、穴ぐらのようなところに籠もって行うものだから、暑さからあの態になるのだったなどと、妙なところに得心いったりしたものだ。

日暮れにはだいぶ間があったがおひらきになった。家人の帰るまでにやっておく仕事を受持つ人たちもいるのであろう。私も帰りかけていると、名主ばあさんがつと寄って「坂田旅館に行くか」という。まだ先に行こうと思えば行かれた時刻だったのだが、この人の手前、「そうだな、そうしようかな」といったら、とたんに、「誰それ」と、旅館のおばあさんを呼びつけ、「この人を家まで連れて行ってやれ」と、引き渡した。

## 篦津　桂養寺《けいようじ》

鳥取の、赤碕を行く時は疲れていた。ここは山陰道、南に大山《だいせん》を控え、裾野が海にせり出した格好の海添いの地を国鉄山陰本線とも並行して走る国道だ。私は八日ほど前に家を出、西に向かっていた。普通はこうした大通りを伝い行くことはまずない。しかし、ここは一本道であるらしい。

途中、山手の部落の間を抜けて行く道を取ることを試みたが、それもただ距離を伸ばしたばかりのようで四、五キロ歩いたらまた国道に出てしまった。大型トラック、車の喧噪の中の歩行だからなお疲れ付加されたろう。その上雨にさえなって来た。身を濡らすほどではないが、確実にその量を増やしている。

この時、街道の右手、つまり海側に大きな寺が見えた。まわりの細《こま》ごまとした造作物から見たら、ここだけは悠久の空気の中にあるような高い急勾配の大屋根、広い敷地、海に添ってどこまで続くのか広大な墓地、どうもよほどの大寺らしい。ここに一晩の宿をもらえないか寄ってみようかという気になった。

でも宿を乞う時刻にしては何とも早い。「行きくれて……」などというのなら、今はまだ二時はまわったようだが、三時には間があろう。これからどこにだって足を伸ばせる、余裕のある刻限だ。それにこの大寺では多分断わられるだろう。これまでもあまり立派な寺では宿をもらえないことが多かった。むしろ中庸の構えの寺で、親身な扱いを受けたりした。だがわからないではないか。ひょっとして許してくれぬとも限らぬ、それに遠くあるのを尋ねるのでもなし、ここなら行きがけともいうところなのだから、断わられたとしてももともとだ。

念のため道路際の一軒に飛びこんで寺の家族構成をうかがった。住職一人というのでは寄るまでもないのだし、家族持ちであっても何かの不都合がないとも限らない。またいくら大寺といっても大家族、子どもも大勢というのでも疲れているこちらにはいささかしんどい。しかし答によれば、ここの寺は年を取った御住職に若和尚さん夫婦との三人暮らしであるという。

　眼の前と思ったのに、屋根の元にいたるには二、三〇〇メートル歩く。街道の車の騒音は今は耳に遠い。砂利を敷き、踏み石を置いた庭を通って庫裏の玄関へ。入ったところは奥に伸びた広い土間、左に四、五〇センチばかりの板の上がり縁があって、そこから一段高く座敷になっている。この座敷の端に若い奥さんがきちんと坐って応対してくれた。

　こちらはせいぜいこの上なく善良な、愛想のいい表情を作り（多分声だって猫なで声になっていたろう）、いつもきまったようになっている物言いをした。

「埼玉から来た何の誰それと申します。昔の行事などを調べて歩いているのですが、今晩一晩泊めていただけないでしょうか」

　これに対して彼女は一言、

「どうぞ」

といった。

　私は聞き間違いではないかと思った。これはちょっと考えられないことである。今まで旅をする間には、たいへんな数の寺にも厄介になった。けれどもこういうことは一度もなかった。女が対してくれた場合には、必ず、住職に聞いてとなるのであり、お母さんであるなら息子に尋ねてとなり、そしてその陰の住職の声が断わりの理由にもなるのであった。しかし、眼をしばたたいているこちらに、奥さんはふたたび「どうぞ、いいですよ」といってくれた。

こちらは俄に体中に幸せな空気を吸い、背の荷を下ろす。彼女がこれを見て「アッ」と叫んだ。こちらはあわててまた荷を持ち上げる。大した雨でもないと思ったのにリュックサックは濡れそぼち、清められた上がり縁の床を濡らした。その責めを負うと考えたのだ。しかしそうではなかった。すぐに気持よく乾いたタオルを二枚も持って出て拭かせ、ジーパンも濡れていると見て、着替えに暖かいスカートと靴下を出してくれ、そして奥の上座に率いて大きなストーブを焚いてくれた。

夕食はすごい御馳走であった。小型なちゃぶ台ではあったが、一つで足りずに二つつき合わせにして、それでもなお空場所がないという盛況ぶりであった。ニコニコ顔の御住職、いつもはこんなに御馳走がないんですよ、今日は法要が三つ重なってしまってといわれる。そういえば、鶏のももが三本あるし、魚やらフライ、かまぼこ、煮〆、寒天よせ、寿司などそれぞれいささか様子違いながらも似かよった形のものが三種盛り寄せてあるのだった。

食卓の傍には人の他に猫一匹。黒と白の斑で大きく、雄なのだろうが、しなやかで細身の体つきは、まだ少年というところなのであろう。これを和尚さんは摑み上げたり、丸めたりし、「和尚に猫はつき物で」などといってころころと可愛らしげに笑う。

たいへん気持よく宿を与えて下さってと私は謝意を述ぶ。これに対する和尚さんの言はかくのごときものであった。

「私がこの寺の住職になって以来、泊めてくれといって来た人を断わったことがないのです。うちの寺は道からよく見えるのでこうした人が多い。今はそうでもありませんが、以前は、おこもさんのような人たちも度々来ました。虱がたかってたいへん汚れた格好しているのですが、風呂に入れて、そして夕食は、何もなくともこうして一緒に食べてもらうことにしているのです」

それで最前の若奥さんの応対ぶりにも得心がいった。泊めることに決まっているから、問う必要もなかったのだ。老和尚の、そして若い人たちの善意はこの寺を満たしているのである。

食後に柿が出た。こちらの柿は何ともおいしい。私の育った東北や、また関東でなら渋柿が主でたまさか甘柿があるばかりだが、こちらは、赤く大きく形のいい柿が、みな木からもいですぐに食べられる甘柿なのである。幾日か歩を進める間、私はそのうまさに酔いしれた。あらかた柿で腹を満たす格好であるのに、また少し行って別の木があると、こちらの味はどんなかと、ついまた手を伸ばすという欲張りぶりであった。

和尚さんも柿が好物であるといわれる。中でも何とかいう名の柿がいちばん好ましい。それで寺でも一本植え、今年はじめて七つだかなった。まだ幾つか残っているはずだといわれる。これに応えて、若和尚さんが懐中電燈を持って辛うじて一つもいで来てくれたものを、和尚さんと私とで半分ずついただいた。

# 正月にヒョウを食べること

昨年（昭和六四年）、一〇月の終り、山形に立ち寄った。七月から家を出ていて、アイヌの間を二か月旅し、フェリーの着いた八戸《はちのへ》から東海岸沿いに、また二か月近くかかって仙台まで来た。このまま いわきに向かって南下するのが目安だったのだけれど、地図を開くたびに、仙台の左側に現れ出した故郷の方に目がいくことしきりになり、汽車にのったら、たったの二時間だという近さに、改めて驚いたりして、とうとう内陸に向かってしまった。旅の疲れが出て、どこか、安心の出来るところで体を休めたいという気持も強いのだった。

山形県立図書館で民俗関係の郷土資料に目を通した。食べ物から住居から衣類から葬式から生業から、民具から。これらにはほとんど数がなかったのだが、「正月にヒョウを食べる」というのが私には面白かった。元日に、または三が日にヒョウと呼ぶスベリヒユを食べるもので、「ひょっとしてよいことがある」と縁起をかついで食べるのだという。ふるさとの習いについては、あらかた馴じんでいると思っていたのに、これは知らないことであった。

その晩は、市内にお住まいの小学校の時の先生であった安達先生の宅に宿をもらった。ここでヒョウの話題を出すと、先生は珍しくもないという顔をして、「おらだも食たけじぇ」という。やっぱり「ひょっとして、いいことがあるから」というのだったそうだ。

「んだげんともよ『んだら、ひょっとして悪いごどもあるんねが』て、おらだいだづらいうんだけづ」

先生はたいへんヒョウが好きだという。いや、家族もそうらしい。どうでも欲しくなると、何とか食料店にいってヒョウ干しを買ってくる。しかしそれははなはだ高級品で、ビニール袋にほんのちょっと入って、三、四〇〇円もする。食卓に出して家族四人で見つめたと思うまに、たちまち消えてしまうような量だという。それで、東金井《ひがしかない》で農業をしている実家に、ヒョウ干し作ってくれるように頼んでいる。それがなかなか手元に届かない。

「今の百姓は、ほだなごとしている手間などないのだハ」

傍らの奥さんが、

「あいづは、思ったより手かがんのよ。肉厚いがら、ながなが干しえねんだま。雨など続ぐどかぶれるんだじぇあ」

共稼ぎの奥さんはまた、

「私が仕事やめたらヒョウ干するべと思ってるだげんとも」ともいう。

話を聞きつけて、この春から勤め出したお嬢さんが、

「ああ、ヒョウ食いたいー」

と懐かしい声を出した。

翌々日、山辺町北作のいちばん上の姉のところに行った。ここでは、山菜を多くとる。姉が好きだし、義兄が上手なこともあって、たいていのものが手に入る。干し物なれば、ゼンマイ、ワラビにはじまって、ウルイ、イワダラ、クワガラ、それにコシアブラの芽などだ。

安達先生に贈ることをのぞみながら、「ヒョウはないべか」と聞けば、答えは残念。

「こだな陽気で、今年はさっぱり干さねがった。仏さまさ上げるのもない」

この家でも、あばちゃん（姑婆さん）が必ず元旦の朝にヒョウ（ただし、ここではオナゴビョウと呼んでいるスベリヒユがほとんどないのでオドゴビョウの方）を食べさせたものだったそうだ。「何事もひょうしよくいくように」というものだった。

これまで旅を続けた間には、スベリヒユと人間との付き合いについて目にし、耳に聞くことがたびたびあった。子どもの遊び相手になると教えられたのは、昭和四七年、最初の旅、群馬でのことであった。これの白い細根は指でしごいていると、間もなく染めたように赤くなる。それで子どもはうたうのだと。

ごんべ　ごんべ
赤くなれ

酒のんで　赤くなれ

茨城ではハイトリグサと呼んだ。奇妙な名前だと思ったら、昔は「蝿（ハエ）が来ねえ」といって束ねて家の入口に吊るしておいた。馬屋などにはことに蝿がたかるので、ここにもきっと吊るしてやったそうだ。

およそ毒気とは縁のなさそうなこれが、蝿よけとはいささか合点がいかないけれど、入口に吊るして、何ものかをよけるという古くからの伝えが底にあってのことのようだ。千葉県沼南町《しょうなんまち》の手賀《てが》というところでは、大株を引き抜いて、家の軒に下げ、「泥棒よけ」だといった。さらに「上田付近の伝承」（箱山貴太郎）という本を見れば、夏土用に戸間口に吊るし、「はやり病が入らない」というそうだ。

この草は日照りに強い草である。いくら抜いて放っても、畑の縁でちぢまってあらかた枯れた様子を見せながらも、どうして、生きている証拠には、黄色い花など咲かせている。それだから、あちこちでヒデリグサと呼ばれ、「雨が七年降らずとも枯れない」などいわれる。薩摩の入来町で明治一九年生れのおばあさんは「ヒイ（スベリヒユ）は『竈《かま》ん縁《ふっ》に三年塗籠られても喉かわかんぢゃった』とヒイがいいおったげな」と語った。

そんなわけで、すてるにさえ難儀だ。沖縄を歩いている時、道端の畑で、大きく茂ったスベリヒユを背負い籠《かご》に集めている婦人がいたので、食べるのかと尋ねたら、どこに置いても根つくので、海に投げ入れるのだといっていた。

さて、子どもの遊びは別として、入口に吊るして何かをよけることと、殺しても殺しても死なない強い草であることと、そして、一年の始めにあたってこれを食べるという、これらのことがらは、何かしら縁続きなように思われる。

つまり、ある人たちは、この強いものを家の前に押しにかかげて、向かって来る魔物や厄神を退散させようとした。一方、ある土地の人たちは、これを腹の中に入れてしまって、身の内の厄を追い出そうとした。このようなところに考えいたらすのも、それほど乱暴なことではないように思う。何にしても、正月行事には、豆殻を焚いてバチバチ音させたり、縄張りを示すところのしめ縄を張り巡らしたり、家のまわりに塩水振って祓ったり、魔よけの性格が明らかにあるようなのだから。

## 針うち・えんず——お正月の子供遊び

「針うち」というのは、こたつの上などで重ねた紙やせんべいに木綿針を打ちつけ、それに刺さった物を我が取り分とする遊びである。必ずしも地域を限るというわけではないが、北国で繁く耳にするのは、この時分雪に封じこめられて、屋外の行動のままならないせいでもあろうか。

新潟の蒲原《かんばら》平野、潟東村《かたひがしむら》の遠藤では、突きさす相手がせんべいなので「せんべい刺す（し）」と呼んだ。正月時分に決まって遊ぶものなので、その頃になると、「刺しせんべい」といって、白や紅に染めた薄いせんべいが束にして売りに出た。これとか、瓦せんべいの厚いような「大阪せんべい」と呼ぶものをもってする。

針は「木綿いりしめ」と称している大ぐけようの針、というのは木綿針のうちでもいちばん大型となる次第なのだが、そのとんがった先の方に一本の藁を二寸ほどの長さに切ったものを刀のさやのようにして刺し、そしてこのさやの部分を指先につまんで放り刺す。つまり、針は逆さになり、穴の開いた針頭の方がせんべいに刺さることになる。これは珍しい例で、他ではいずれも針先を下にして打つのである。

これらは昭和四八年の採集行に、明治三八年生れの佐藤しゅさんに語ってもらったのであったが、うまく打つと、「大阪せんべい」では四、五枚も、「刺しせんべい」の方ははるかに沢山とれたものだそうだ。打った後はやはりさやの部分を持ち、そろりそろりと釣り上げて手許まで運び来る。途中で落っことしたら、その分は元に返さねばならない。せんべいはそれぞれ持ち寄ってやることもあったが、子どもを寄せる宿となる家が提供して遊ばせることが多かったという。

針を打ってから空中を手許に寄せ来るところ、釣りにも似ることから、「せんべい釣り」と称しているのは、山形の日本海寄り、八幡町新出《しんで》のあたりだ。ここでは、明治一九年生れの喜久川さんに語ってもらった。木綿針には短い糸を通しおき、打つ時は針身を持ち、そして後には糸をつまんで釣り上げる。当地でも、これ用に出来た丸くて薄いせんべいが売られていた。

福島の、新潟や山形寄りの柳津町《やないづまち》では、「せんべいぶち（打ち）」と打つことを強調する。ここでの針は頭に玉のついた待針を使い、同じく上部に木綿糸を巻いておいて、糸をつまんで持ち上げる。せんべいを多く手に入れるためのコツは、振りかぶった針を、斜にぶつ（打つ）のがコツだと人々は語る。

岩手の内陸部葛巻町《くずまきまち》冬部での名前は「せんべいつき」、正月の遊びであった。能登半島、穴水町で「はりせんぼ」というのも、「せんべいを釣る遊び」だというから、「はりせんべい」というのであろう。

せんべいの、ただちに口の楽しみとなる、まして我が才覚でその料稼ぎ取るこれはとりわけ刺激的であり、興奮も伴うものであったろうが、せんべいの他には、相手を紙にしたものも広く行われている。

山形の南部、白鷹町のあたりでは、正月二日の買ぞめに宝舟をたたむ紙を景品にくれた。それを四つ折にし、何枚も重ねたのに、針に豆を一つ通したもので打ちつけ、釣って遊ぶ。紙は大きさチリ紙大、質もたいていそれに似たものだったという。同町滝野ではこの遊びの名称を「はりめっき」と呼んだが、めっきは多分にネツキの訛で棒杭を地面につき刺して競う倒し合いのネツキの遊びと、力いっぱい打ちつけるその様態、よく似通うのである。

針に豆をつけるというのは重しの働きであろう。福島の北端部、伊達市伏黒《ふしぐろ》でも同じやりようを聞いている。大豆は、少し水につけて柔くしたのを針の丈の中ほどに通す。針穴には糸を通して両糸端を玉に結び、針先を口にくわえ、この結び玉のところを片手に持って振り落す。針は空中で一回転した形で切先を下にして突き立つ。糸をつまんで引き上げることこれまでに準ずるが、そればかりでは安易すぎるというのか、手許まで釣り来たものは、さらに頭のまわりを三回廻すとかいろんな条件つけてやったそうだ。

　ところで、右の地では、遊びの名称を「かげとり」という、ずいぶん変った名前だと思ったが、その名の起ったらしい由来に出合った。当地でも針に豆を通し、糸端には玉結を作り、それを打ちつける型も同様、ただし、重ね上げたはな紙のいちばん上の一枚には、大きな碁盤の目を画し、その一マスごとに順に「出」「取」「掛」と記しておく。そして打った針が、たとえば「取」のマスに立てば重ねあるはな紙が取れ、また「掛」であるなら、反対に定めの枚数を掛けるという按配である。もっとも、「出」に当った時はどんなことになるのだったか、私は粗忽《そこつ》に聞き漏した。双六のモドルのように最悪の状態で、それまで取った全部をさし出すとでもいうのだったろうか。この遊びを当地では「いでとりかけ」と呼んだ。

　変った名前といえば、これより宮城側に入っての角田市高倉で大野よねよさん（明治二三年生れ）に教えられた「いづい釣り」というのも耳慣れぬものであった。西洋紙の大きさでマス目に画された中に絵が描いてあり、鋏で切って使い、一枚の大きさはちょうどカルタほどになる「いづい」と呼ぶものがあり、くけ針に豆を一つ貫き、このいづいを釣って遊んだという。

しかしこれも、次の地山形に行ったら知れたのである。いづいとは「えず（絵図）」というのであったらしい。前にも一度出た白鷹町で聞くに、「えず」はいろはカルタになっていたという。「えずといろはが書いてあった」と。

釘打ちではないものの、山形の上山市の子等には、この「えんず（えず）」を使っての「えんず吹き」なる遊びもあった。当地方では毎年元旦からはじまって大寒の終りまでほうえん（法印）様の寒行というのがあり、何人ものほうえん様、各家を廻る。これに家々ではてしょう（手塩）皿に米を毎日上げるのだが、その役目が子ども、ほうえん様は、出された米の量に応じてカルタ大の「えんず」を四枚から八枚ぐらいくれる。「えんず」には武者絵や正ちゃん、のらくろなどの絵が描いてあった。

これをこたつの上に並べて息を吹きかけ、ひっくり返ったのを取るというのが「えんず吹き」である。右を語ってくれた中年の男性によれば、昭和一〇年頃までは遊んだということであった。また、同市高松では、「えんず」は薬屋がくれたとも聞いた。

北の地ばかりになったが、これより一、二年前、子ども遊びの採集を始めたばかりの年に、鳥取市でも八〇近いおばあさんに語ってもらっている。名前を「こがみ釣り」という。こがみは小型紙のいいではあろうか。正月近くになると、おかがみの下に敷く小判の紙二つ折にしたものを売りに来る。それを親がわるさ用に買ってくれるので、針に糸をつけたので釣って取り合いこをして遊んだといった。

せんべいにしても紙にしても、吹けば飛ぶような軽いものでこそ、この遊びも可能だったろうと思われるのだが、九州宮崎市ではみかんまで釣った。ただし、打った後のみかんは、卓上を曳いて手許まで寄せるのである。途中で落したら、次がその場所からはじめられる。宙に吊るのもスリルがあるが、鼠のように曳き進むのも何やらおかしい。

## 杉田徹さんの豚

宮城の海際、志津川町で豚飼をはじめた友人の杉田徹氏を訪ねた。ここは惣内山《そうないさん》という三〇〇何メートルかの低い山の麓で、かつて開拓団が入り、半ば離農した、その一軒の土地・家屋に、四年前から入植したという。家の周りは当然のことながら豚がうじゃうじゃ、けれどもこれらは屋内にいるのではなくて、ほとんど放牧です。

前の持主は養蚕をやったらしく、山中桑の木が植えてある、その桑山の中、大変な傾斜地を物ともせずすごい勢で駆け降り、登り、悠々と寝そべったり、ひしめき合ったりしている。彼等の、貪欲さは物凄く、桑は幹の皮もかじりとられ、息もたえだえ、地表に緑の草の面影うかがうべくもなく、彼等自身の体に似た土色一色に化している。そうそう彼等は土も食うのだとのことだった。

　木をすかし見る林の奥に奇妙なうなり声が続くのでうかがい見たら、中でも勤勉な大豚、とうとう一本の桑の根を、身を粉にして掘り出しにかかっていた。こうなると、また新たな林中や草地へと彼等の居所を移すのでしょうが、それらが前にいう荒野と化すまでたったの一か月余というのですから、土地の消耗度の激しさがわかります。目下緑の草に手が届かなくなっている彼等に手当たり次第道端の草を刈り取って贈物にする。ヨモギも牧草も何でも食べるし、中でも桑の葉は喜び、さらにクズは大好物、アカシアの枝も喜んだから、豆科が殊に好かれるのでしょう。ギシギシだけはノーサンキュウとのことでした。

　家の巡りはまだ一段と賑やか、丸焼にして火皿にのせるに最適期と思われる子豚が愚連隊よろしく三々五々隊を組んで闊歩する。警戒心も強いようですが、それよりも好奇心が旺盛、それに郵便やさんを追いかけまわすので悪名を馳せている雄の七面鳥に率いられた彼等六・七羽の一統、七羽の鶏、比内鶏と七面鳥の雛、母家続きの屋内にいる産後日の浅い母仔らと、乳離れしたばかり二〇頭余の小さい者と、離れたところに一匹いる青年雄豚のＤ・木村クン。

　これらの真ん中にあって、小柄な杉田さんは獅子奮迅の働き、でも仕事のきつさは気にならないらしい。朝になると晴れやかな顔に戻って、駄洒落の生産にも励む。彼は本来写真家、なかなかいい写真をとる。写真だけでは食っていけなかったので豚飼はじめたは彼の言ですが、もともと地面に足をつけた暮しが望みだったのでしょう。彼の張り切る源には、親の勘当を受けながら彼を頼って来た年若いあっちゃん女房がいるせいもあるのです。

もし豚飼が出来合いの餌をもって行うのであれば、たやすいことだといいます。けれども彼等のは全部自分たちの手で調製をする。町中の魚屋からアラ、麺工場からそば、うどんなどの端切れ、パン工場からの期限切れ品、屠殺所からの血餅、製材所のおが屑、これらを熱を加えて乾燥殺菌をした上に米糠や大麦などを補って醗酵させてこしらえる。出来上ったものはさらさらして、いってみれば目の粗い振りかけ、受け口の彼等が下顎でこれをすくって、こぼれ落ちないように上向きかげんにして嚙みまわす素振りは微笑ましい。

この醗酵餌だと豚の糞の臭いがほとんどなく、また土にも戻りやすい。もちろん豚の健康にもよい。材料費は大麦や米糠などを除いてほとんど無料、ただし、町に日毎集めに行って調製するのが大労力、買った餌を使うのなら楽だというのはそこのところです。

こうして手塩にかけた豚が、食肉として取引きされる時の安価さに杉田さんはすっかり腹を立てる。なんでももし餌を買っての場合なら、その餌代にしかならないほどの値なのだそうだ。そこで彼は断然宗旨を変えて直通販売方式に切り替えた。主に友人、知人が輪を広げた形で、現在は一〇〇口、一回に二キロ宛の肉を月二回クール便で直接手許に届けている（このためには一回に豚四頭、一月八頭の割でまかなう）。

これもまた二人にとってはきつい仕事となっているのに違いないのですが、しかし腹立の種はなくなったし、購入者との肌触れ合う交渉が彼等の少なくない励みにもなっているようです。彼等の出しているパンフレットにこんな部分がありました。

「エル・コルティッホ・ソーナイの放牧マラーノを食べる仲間」の特典

その一、うまい肉が食べられる。
その二、冬場に限り、スペインの干し腸詰め、サンチチョンが食べられる。
その三、コルティッホに無料で宿泊できて、ここの自然を楽しむことができて、しかも……、牧場の仕事を手伝うことができる。

私のいる間にも仙台の購入者だという人から豚一頭の電話注文が来ていました。放牧だと聞いたから肉が固いかと思ったら、柔らかくて大変うまい、半身は肉で食べて、もう半身はソーセージにするのだという。ずいぶん大食いな人ですが、商売でもしているのでしょうか。杉田さんは今はあいにく豚の頭数が少な目で、などと応対しておりましたが。

じっさい、普通の養豚家が出荷する期日よりも四割方長い日にちかかって育ち、健康な彼等の肉は、黒豚に似たように味わい濃いもので、お土産にもらった股肉を我家特製の焼豚にしたら、弟の黒倉はすっかり気に入り、うちにも送ってもらうことになりました。

この際、我が家の飛び抜けて簡単、そのくせやはり飛び抜けておいしい焼豚の作り方をお伝えしましょう。黒倉の家では関東大震災の後、東京駅の傍で中華料理店を一時やっておりました。その折の料理法です。

《黒倉流焼豚の作り方》

肉は肩ロース、股など固まりのまま、

それを鍋に入れ、肉がかぶるほどの正油を入れて煮込む。

たったのこれだけです。醬《しょう》油の多さが気になるかも知れませんが、これがじつにいい、そばやそうめんのつけ汁になるのです。冷めてから上に浮いた脂を除いてびんにつめておき、水で薄めて使う。しつっこさはまるでなく、ほどよい旨味がありますので、味醂などの甘味も不要、一夏中ほんとに重宝します。

黒倉の料理店では、醬《しょう》油の他に赤ザラメも入れたそうで、大釜いっぱいの煮汁はラーメンのスープになりました。

# 各地の茶作り

近年茶が甘ったるくなった。色も美しい緑色である。本来茶は渋いもの、色も文字どおり茶色と思い越して来た者にはどうもしっくりこない。その最たるものは新幹線などの車内やホームで買うお茶であろう。例の薬瓶を角型にしたようなプラスチック容器の品だ。これでも以前の、黄茶色した茶湯すでに詰め込まれているのはまだましだった。近頃のは湯とティーバッグとが別々で、自分の容器の湯に浸すようになっており、これが湯の割に茶葉の量少ないのか味薄い。私などのこれの飲みようは、緑の色つき湯というばかりのを大急ぎで半分飲み減らし、あとは時間を置いてやっとお茶らしくなったもので心満足させる。

先年、生れ里の山形に行っての帰り、東北新幹線の中で「あっついお茶いかがですか」とその国なまりどおり素朴なおやじさんが廻って来たので、ひょっとして、大やかんから渋茶でも一杯くれるのではないかと勝手な想像して声かけたら、箱から出したのは今いうティーバッグ茶でひどくがっかりした。お茶ならたいていてい熱いものであり、「あっつい」と特別アクセントで強調したのは、ぜんぜんそれに見合うようなあっつさでもなかった。

一パック二〇〇円ばかりの間に合わせのものはともかくとして、寿司屋のお茶さえ不満なのが多くなったように思うのである。あんまり薄いので、濃いのをと所望すれば、秩父の店でなどは気持よく入れ替えてもくれるが、これが色ばっかりで味は従わない。

それよりも、「八十八夜摘み」とか「静岡の新茶」とか寄贈にあずかるものも、もったいないながら、これらとさして変りばえせず、いよいよ甘ったるさに磨きがかかっているばかりだ。

どのような手法から、かかる甘味や鮮やかな色が得られるのかよくわからないが、確かなのは、これらが蒸茶、すなわち〝蒸し〟熱を加える方法をとる一統だということである。茶作りが工場でなされるようになり、その工程がどこでも同じなものだから、どの地で飲む茶もみな一つになる。蒸茶は、それ自体緑色も甘味も備わったものであるけれど、さらにこれらが強調されるのは、人々の好みもまた同方向に向いていると見られるのであろうか。

釜で炒った炒茶が野良の茶にたとえれば、蒸茶はお座敷で飲むにふさわしいと前にいったりしたが、そのでんでいくと、今は多くお座敷志向となるのであろう。

しかし、今でもまだ機械に頼らずに手づくりを行っている地方もあるのであり、そして、それらはどちらかというと炒茶の方が多いようなのである。

数年前、旅の途中に和歌山県中辺路町《なかへち》という、熊野や十津川村にも近くなる熊野街道添いの宇江敏勝さんのお宅にしばらく厄介になった。この家では急須は用いない。アルミのやかんに湯を湧かし、茶葉を放り入れてそのままなくなるまで飲む。茶葉は、ほうじ茶の色をし、がさがさ音立てる粗いものだが、干からびた臭いもせず、特殊な風味があって充分にうまかった。

こちらではこの茶で茶粥を炊くのである。鍋に水を入れてしかけると、同時に布袋に茶葉を押し込んでしばったものを放り入れ、湯が煮立ったら、洗わない米をそのまま振り入れ、中で米が泳ぐようなゆるい加減の中、蓋をしないで煮上げる。茶袋は、米を入れる前に引き上げる人も、そのまま終いまで置く人もいるそうだ。

右は宇江さんの宅ばかりでなく、この一帯広く共通することで、茶粥も常食に好まれ、したがってこの茶もどうでもなくてはかなわないものなのである。その茶の作り方、熊野川添い小津荷《こつが》で一晩泊めてくれたAさん夫妻が、同じく大振りのやかんから茶を注しながら語ってくれた。

摘んだ生葉は釜で空炒りし、揉んでから天日に干す。からからに乾いたものを取っておき、使う折には炒鍋《いん》で炒る。途中一回渋茶をかけて、念入りに炒るので小半日もかかる。

これにいい点があって、干した葉は保存がきく。むしろ二、三年たった方がうまいそうで、Aさんの縁側の上にははりを渡した上に、殻類などの空袋利用したのに詰め込んだ干し茶、三つ、四つあるのを、一つは三年前のだと教えてくれた。名前を「しば茶」といった。

「しば茶」の名前が「ばん茶」に変るものの、隣接する三重県側、熊野市神山でまさのさんの聞かせてくれたのも同じ製法だ。

「摘んだものを鍋釜で炒り、むしろの上でようように揉んで陽の下に干す。三、四日したら干上がるので、しまっておき、飲む時によく炒る。炒らないではまるであじけないもの」という。

これより西、中辺路町などより北に接する奈良県十津川村の上湯川になると、また名前に「しば茶」を聞く。もっとも細かくいえば、中に「め茶《ちゃ》」というのもある。

Aさんが説明してくれる。

「め茶は細《こま》こいの摘んだもの。前はようけい作って一〇貫ぐらい売った。丈夫なたて紙（こうぞ紙、自家でもすいたが、たいてい買う）の袋に入れて、袋ごし売る。袋から出したら、かさがあるからよう納まらん。細こい方が上等で、二斗炒り米俵に二貫め入るが最良。しば茶はめ茶をとった残りのざすいもの（粗末なもの）、また長《た》けたもの摘んで作る。古葉もまじる。しば茶は自家用」

「め茶」は、それでは「芽茶」なのであろう。

この時は昭和六〇年であったが、その前年に訪れた岐阜の岐阜市から北の洞戸《ほらど》村や、板取村でも、炒って揉んで陽に干すことを聞き取っている。板野村上ヶ瀬のこめさんは、前は陽に干したが、今はにおいを嫌って陰干しにする。飲む折に量まとめて炒るとのことであった。

何にしても揉んだ後、自然乾燥ですまされるというのは茶作りに艱難辛苦を強いられている者にとって放っては置けないことで、私も和歌山方面の旅から帰った後さっそくやってみたのだ。聞いたとおりにやって、色も形も彼の地のとすっかり同じく出来たのだが、味がまるっきり出てこない。もちろん炒った。渋茶もかけて炒ったが駄目、それならとほうろくで半分炭になるほどこんがり炒っても少しも効果なかった。こうして書いているうちに気づくことだが、人々が長く炒るといった半日もかけるといった、その炒りがおざなりだったのであろうか。

その点、長野の天龍村で、陽に干した後仕上げにほいろで炒るというのは、間違いがないようだし、また、ほうじ茶の類の、近畿地方の茶に比べて煎茶に近くおいしいと思う。天龍村坂部で一人ぐらしのおとみさんの作りようである。

「摘んだ葉、釜で炒る。それ用のかまども前はあったが、そうでなければいろりでもいい。竹の棒の先に二股残したものなどで、釜の底からすくい上げるようにしながら炒る。茎、親指と人差指の間にはさんでポキンと折れるのではまだ生、しんなり曲がるようになるまで炒る。熱いうちにむしろの上で揉み、天日に干す。からからになるまで四、五日も。天気のいい日なら一日でも乾く。それをまとめておくとまたしんなりしてくるので、ほいろで炒る」

そのほいろ、秩父のものなどと同様紙底のようだが、同村の千代治さんによれば、昔はほいろがなかった。自分の若い時分に入った。それまではからからに干上がったら缶に詰めて置いて飲んだとのことであった。じつはこの方法も私は試してみた。陽に干すところだけは日陰に替えて、二、三日放っておいて火の上のトタン板で仕上げした。だがこれも、最初から手をかけて火力乾燥したものと比べたら、まるで香りとぼしく、飲むのが敬遠されてしまいこんでしまった。こちらには「ほっとけ茶」、紅茶も作ったので「ほっとけ紅茶」と名前をつけてラベルを貼ったのである。

ところが、今年は新茶の時期を待たずに茶が底をつき、まるまる二年前の「ほっとけ茶」を間に合わせと出してみたら、これがどうしていつも飲む茶と遜色ないのである。「ほっとけ紅茶」も同じ次第で、かえってしっとりと味深く出たような気さえしたのである。何年置いても味変ることないと、人々がその特質を強調するのも炒茶なのである。

鳥取市の南、岡山にも接する八頭郡佐治村《やずぐんさじそん》は、奥深くくいこんだ峡谷の村である。ここの余戸《よど》というところで谷上政雄さんにうかがった当地の茶は、これまでの茶作りとは格段に様相変えたものであった。つまり、秋の花咲く時分の茶の木を鎌で刈って来て、吊るし置き、いろりであぶって葉だけをちぎって茶にするという。当地を訪れたのは昭和五七年一一月のことで、谷上さんは、ちょうど今頃でもあるともいった。茶の花は秋遅くから冬にかけて咲くのである。「いろりであぶる」といわれるので、魚焼くごとく、灰にでもさしてやるのかと思ったら、そうしたってかまわないが、乾いているから火がついて燃えてしまう。手に持ったまま火にかざすもので、直ぐに「こうばしいにおいがする」という。

ほうじ茶の、炒って、干して、炒るから最初の〝炒る〟が完全に脱落した形であるけれど、何よりの特異さは、道具一切使わずにすむところであろう。果してその味、どんなものだったかわからないながら、もっとも初期の飲茶は、かくもあったかと思わずにいられない一法である。

「茶の木は田のこば（端）や、畑のこばにおごり放題している。茶は、山に行く時などはことさら、朝茶は必ず飲む。正月も元日朝いちばんに飲み、これは〝おおぶく茶〟といっている」

政雄さんはこうも語った。

いろりであぶるのは他に聞かなかったが、〝干して炒る〟右の式は、山陰地方に広くあるらしいのである。佐治村が東寄りなら、県のほぼ中ほどにある東伯郡関金町泰久寺《とうはくぐんせきがねちょうたいきゅうじ》での作りようも「枝ごと切って干したの、押切りで刻んで釜で炒る」というのであった。押切りは、もっぱら秣《まぐさ》などを刻むに使われる農具で、これを用いるとなれば、その粗さかげん、かさの大きさもおよそ想像つくのである。かさばかりでなく、新芽もその頃は木と化しており、枯れてはことさら堅くなるので、その意味でも頑固な押切りが用なしたのであろう。名前を山城きんさんは「晩茶」と聞かせた。

当地方では、人の死んだ折、棺内にこの「晩茶」を入れるのである。山城さんもこれに触れ、「仏さんの土産だてゆて」炒った番茶を入れるのだと教えたのだった。同じ郡内ながら、これより西北、海岸の中山町塩津では、袋を縫ったのに晩茶を入れ、これをお茶枕と称した。西隣、島根に入って間もなくの仁多町《にたちょう》でもこの風習は共通で、茶は紙に包んで入れ、それも体が動かないまでに幾つも幾つも入れ、「一斗も使う」と話してくれたおばあさんはいった。首まわりに詰める二つ、三つほどだけは炒った茶で、あとは干したままのを入れる。茶は木を刻んで干してあるという。ここでの茶も、話から測して前の「晩茶」と同じだ。

岡山ではあるが、当初にいう鳥取県佐治村と、ほとんど背中合わせになっているような苫田郡《とまたぐん》安波《あは》村中土居でいう「晩茶」は、鳥取のものと同じなこと確かだ。夏から秋にかけて作り、陽に干して、鍋で炒る。ここで葬式には、布で「茶袋」というのを縫って「晩茶」を入れ、体の四周に詰める。炒った茶を用いるもので、普段から飲み料に多く炒ってあり、右の用に改めて炒ることはないと、ここでも一晩の宿を恵んでくれた小林絹江さんが説明してくれたのだった。

以上いずれも〝炒茶〟の系統であったが、〝蒸茶〟もいささかは筆に止めてあるのだ。岐阜県美濃市の北奥、前にいう、板取村や洞戸《ほらど》村とも近い美濃市奥板山《おくいたやま》で小椋仙一さんが教えてくれるのは〝蒸茶〟である。しかし、名称を「晩茶」、また熱を加えた後の製法はこれまでに準じるのである。

「五、六月頃になると、新芽が一尺から一尺五寸ぐらいに伸びる。それを鎌で刈って来てきがみ（コウゾ）蒸す大釜に水入れ、簀子《すのこ》敷いた上にのせて蒸す。天日に干し、飲む時に釜で炒る。揉むことはない。粗っぽい茎だけは押切りで切ってまぜる。叺《かます》に入れて幾つも売った家々がある。蒸した後釜の湯は真赤になっており、板戸など拭くにいい色艶が出る」

という。売るほどの量となると、また、設備も整っているなら、それは蒸した方がはるかに手間省けるのである。ただ、天日干しのこの形式の場合、炒りと蒸しとに品質の差異生じなかったものだろうか。

福島の海寄り、平市四倉《よつくら》町駒込で八一歳の根本つねさんが語りくれた蒸し方の様子には、儀式めいたものが感じられた。ここで摘み頃は八十八夜から二〇日過ぎた頃で、これをふかす（蒸す）時は、大釜の湯の中に椿のもえ（若芽、その時分は、二葉ぐらい巻葉が出ている）と、おもと、それにばんがった（スイカズラ）の三種を入れ、煮出し、その汁で蒸しにかかるのだという。そのわけは知らないが、椿は魔よけに時折用いられる。オモトも正月の飾り物になったり、家近くに植えられたり、何やらいわくありげなもので、そうした縁起からこれらは用いられるのであろうか。それとも香づけにでも効あるというのだろうか。

蒸し上がった葉は、板に縄を巻きつけた、いわば洗濯板のような上で揉み、一ほえろ（ほいろ）分出来るのを待って、下に燠《おき》を置き、紙底のほえろでさらに揉みながら乾かす。

右の洗濯板のごときものを私は、ここにいたる前に通った郡山市在で見た。御夫婦二人暮らしの家に宿を乞いに行って許され、ほっとして見廻したら、土間の隅に、洗濯板、当家のはまさしく本物の洗濯板であった、それに並太の縄を一列並びにすきなく巻きしめた物があり、目驚かされて問うたのだった。

今に思えば、その傍には壁に沿って土で築いた炉があり、上に何やかやとたたみ上げるようにして秩父で見ると同じ大きさほどのほいろが伏せてあった。この時は昭和四六年一〇月、私が旅をするようになった第一年で、そして茶に関して見聞することになった最初の折でもあった。ここでも、茶作り方をうかがっているはずなのだが、まだ記録にはとっていなかった。

# 五　秩父だより——自分がたり

## 仕事をやめる

女が一人山の暮らしに入ったというと、人はたいてい同情ある見方をしてくれるらしい。何か心に大きな痛手を受けて、失恋とか、ひどい裏切りとか、それらが動機ではないですかと。

けれども私の答はたいへん素気ないもので、ただ金がかからないというそれだけなのだ。

東京に長く勤めていた。本屋の店員であった。国鉄の大きな駅前にある本屋とて、これが大いに繁盛、仕事は常に忙しい。これは何も忙しい、忙しくないにかかわらず勤めの身になれば共通するのだろうけれど、自分の時間というものがまるで得られない。給料のために自分の体を売り渡しているに他ならなかった。ある時考えた。金を得ようとすれば働かなければならない。けれども、もし金のかからない生活にしたなら働くことも要らないのではないか。

郷里山形から東京に出て来たのは昭和三一年であった。定時制高校を出、その前に一年入試に落ちて足踏みしたりしたので歳は間もなく二〇歳になる頃だったろうと思う。本屋の仕事は、すでに東京で働いていた兄が新聞広告で知り、下見もしてくれたそうで、切抜きと面接日を書いたものを送ってくれた。

給料の高いのがまず私の気に入った。七八〇〇円だったと思う。山形の市内でいい仕事がみつかるまでと家内工業のような小さな事務所に働いていたが、そこのあらかた倍近い額だったように覚えている。今思い返してみると、金にばかりそんなに目が行ったのは、自分のやりたいことをするためにはまずもとでを得る必要があるとの意識があったのだ。やりたいことといってもまだはっきりしていたわけではないが、絵を描きたいなどと、日本女子美大学に受験し受かったりしたのだったが、この出発の日に父親が渡してくれた受験料二〇〇〇円が借金したものだとわかって、たとえ合格してもとり止めることに決めていた。その高給を払う本屋はまた「寮完備」とあって、これがとりわけ当方の条件を充たしていたのでもある。

経営者の自宅は井の頭線沿線の閑静な住宅地にあって、寮はこの中の一室であった。そこは先輩同僚五、六人でいっぱいだったので、当日入った二人と共に私たちは二階の客間に寝た。その二人の中の一人は田舎出とも思われない、いたって尋常な人だったのだが、私の傍に床をのべながらしきりに憤慨していた。何がどうなのか会話もしなかったけれど、「こんなこととは思わなかった」と繰返すのであり、また「私はやめるわ」というのであった。そしてじっさい、翌日彼女は消えてしまった。もう一人の大人しい人も二、三日はいたものの、やはりいなくなった。

朝になると寮生一同手分けして家中の掃除をする。洋犬も一匹飼われていたから、これの散歩役も一人要る。それから夜になると、先輩たちは銭勘定の手伝いもあった。しばらくして建築中だった寮が出来た。家の一画からの付け出しという形で、それまで通り母屋の玄関を一つ入口とし、居間を通り抜けて行き来をする。この寮はなかなか効率よく出来ていた。細長いわずかばかりの坪数の建物の両側に二段ベッドが三仕切り連なり、中央の座敷に当る部分は一間ぐらいの巾しかない。下段は先輩諸姉、新入りの私は上の段で、プライベートの面はやや優れると、その点はよしとしたのであったが、低い天井と、狭い寝床との間に体をすべりこませる時は、屋根裏にすくう鳩の巣にもぐり入るさまを連想した。

寮も建設中なら、店舗もまた増築中であった。幾つかの商店の入るビルの外端にあるそれは面積に限りがあるので、マッチ箱を立てたように上に上にと売場を伸ばすことになった。私が入った時にはすでに四階まで出来ていたので、それらのことは知らない。四階より上は、数少ない男の店員たちの手も借りて広げられていくようなのであった。七時の閉店真近になると、重いコンクリートや砂利運びの労役がはじまる。夕べも遅かったといって、この人たちはよくやつれた顔をしていた。

配属されたのは四階の学生参考書売場であった。売場ははなはだしく狭い。その狭さを数で補うとするものだから、滅多矢鱈と本が積み上げてある。壁も窓もすっかり本棚で埋めたのは当然、最小限の通路をはさんで、背中合わせに並べられた本棚は天井まで達しており、店というよりは倉庫のたたずまいで、長くいると息がつまる。

それでも経営者は、なお空いている天井が惜しい、忍者のように上に貼りつく本棚のしつらえがどうにかして出来ないかと、時折天井を睨みつけていたのを知っている。この社屋はその後五年ほどして駅前から少し外れた本格的な大ビルに移転し、働く環境は一挙に改善されたのであったが、隙間さえあれば本を置かずにはいられない経営者の節約精神に変りはなかったので、景観としてはそう変り映えがしなかった。

ここに一三年間いた。仕事そのものは気に入っていた。終始立ち通しで動き廻るのだったが、働くことは苦にならなかった。けれどもその意欲をそがれる事態がしょっ中起きた。ものの見方、考え方について経営者のそれとはあまりにもへだたっていたし、その営業方針に従うのには苦痛を感じることも多かった。職場に入る時には頭のねじを空の方にまわし、退社する時にまた巻き戻す対処方法を講じたりした。

そうしたきっかけがあるごとに、職場をやめたいとの思いがつのるようになった。せめて気持よく働かしてもらえるところに移りたいと思った。だが、そうした場所をどうやって捜し出すのだろう。たとえ理想のところが見付かっても、また他の面では落胆することもあるのではなかろうか。出直すとなればすべて一からはじめねばならず、それも億劫、また給料も大巾に減額する覚悟が必要だ。

そんなこんなで結局あきらめることになるのだが、一年もするとふたたび脱出願望が襲ってくる。会社を移るだけでは大して解決策とはならない。自分の時間をとり戻すためにも勤めはさっぱりやめて、細々とでもいい食うだけのものを自分の手で稼ぐのが理想だ。それならと小間物的な商いの種子を考え巡らす。手描きのカードを作ってみたり、ローケツ染のブックカバーや、また皮製のそれや栞を見本に製してみたりした。しかし手作業にかかるこれらは思いをはるかに越えて手間ひまがかかるのであり、それよりも不思議と製品にはきりっとした粋さ、美しさがまるで備わらず、あるのは自分でも感心する野暮ったさなのであった。

一時は特許に凝ったこともあった。特許料で懐手をして過ごそうというのである。いずれ大した思いつきではない。開くと花束が現れるグリーティングカードとか、鉛筆の中に縫い針を仕込むとかだ。複雑神妙な書類をもって特許庁に申請もしたけれど、もちろんうんともすんともいってこなかった。すでに考案がなされていたのか、ボールペンの中に縫い針と少しの糸を収蔵したのは今売りに出ていて、旅に出る時私は重宝している。

そんなある時、福音館書店発行の〝日本伝承のあそび読本〟という小冊子に出会った。その折は、どういう経営者のおもわくか、長年の参考書売場から一時配置転換させられて一般書売場にいた時だ。それでこの本に出会う機会となったのであったが、すでに店頭にはなく、注文で取り寄せた中にあったのだから、それより何年か前に出版はされていたのだろう。

その時、本を出すのはどうだろうかと思った。〝あそび読本〟はごく小さな、頁数も少ないもので、このぐらいならば手に合わなくなさそうだった。内容はたいへん懐かしいもので、アヤトリから草花あそび、手あそび、玩具づくり、風呂中のあそびまで、親から手渡されるような暖かさのあるものだった。しかし、いかにも遊びの数が少ない。自分たちがやったものの中だけでも取上げられていないあれこれが目の前をかすめる。これらを集めてみたらどうだろうか。

同僚には地方出が多いので、さっそくこの人たちに尋ねてみると、奇妙なほどに同じ遊びをやっている。そこには何か隠れたる別の存在理由があるように思われて心そそられる。また、同じ遊びの中にも地方ごとに少しずつの特色があって面白く、これらを細かに挙げ列ねてみたらどうであろう。

類書があるかどうかも調べてみた。誰もみな経て来た子ども時代のことであれば、すでに立派な本の出版や研究がなされていると思ったのだ。ところがそれらはほとんど皆無、またあってもじつに貧弱で、そのことではむしろ少なからず憤慨をさせられた。

今、古くから伝わって来た子ども遊びは急速に失われつつある。祖母から、母から、子孫へと順に手渡されて来た花継《つな》ぎのような遊びの数々は、受取り手を失ったまま宙に浮いている。いずれこれらは最後の持ち手と共に消えてしまうのだろうけれど、その消える前に一つでも多く集めて、記録に残し置くことは、断絶の間のか細いながら橋渡し役にも、また、研究を後の世の人たちに委ねる元手にも重要であり、かつ必要なことではなかろうか。

これまでの脱出行のもくろみが、いつも最後のところで踏切り悪かったのに対し、今度の場合、ためらいもなく飛んで出られたのは右の理由、つまりこれをすることが、いささかでも人の世の役に立ちそうだというのがあったからである。右の大義名分が立ったので、たとえ野垂死をしても少しも悔いが残るまいといい切れた。これよりは勤勉さを離れて怠け者の類に入ろうとする。その前に、これまで生かしてもらった世の中に一年間のお礼奉公するのもいいではないかと思った。

仕事をやめたのは昭和四六年二月であった。その前年にはすでに心が決まっていたのであるが、夏のボーナスを貰った後にと構え、それがすむと、どうせのことに冬のボーナスもちょうだいしてと欲張り、貰って直ぐにやめるのもひけめを覚えるとて二月末日ということになった。そしてその最後の夜、会社から出たそのままの足で新島《にいじま》行きの船に乗った。

何も一日を争う忙しさなどなかったのに、現状から飛び出す一抹の不安があってそうさせたらしい。案の定、四、五日の旅の後、家に落ち着いての三晩ほどは恐ろしい思いをした。とんでもないことをしてしまったのではないかという後悔である。それまでは考えもしなかった、組織から一人放り出された不安、というよりは恐怖である。

いちばんにこれまで会社組織の中にあっては安心して病気になれた。何とかの保険があってほとんど無料で病院にかかれた。給料を貰いながらの長期療養も可能なようであった。ところが今はその庇護の手を離れた。こうしている只今にも病気になったらと思うと胸が締めつけられる。もしそのようなことになれば、これまで貯めた向後の怠け生活のもとでなど一朝にして霧散するのである（国民健康保険もあったのに知らなかったらしい）。

仕事は馴れて目をつむっても出来るような状態であった。労働組合が出来たりして給料はさらにさらに高額になっていた。これをふいにしたのは取返しのつかないことだったのではなかろうか。経営者は世辞かも知れないけれど、用がすんだらまた戻ってくれといった。どうしてその間休職にしなかったのだろう。一晩で白髪になるとはこういうことかと思った。最初の晩ほどではなかったけれど、二晩、三晩めも悶々として眠れぬ夜を過ごした。

けれどももちろん休職になどしなくて幸いだったのである。もしそうなら苦しみを伴う採集の旅など続けられる筈がなかった。

戻るべき道が切られていたので、あとは先に進むより他になかったのである。

## 山に入る

山に入ったのは、一年間断続的な旅を過ごしたあとの、仕事をやめた翌年、四月であった。

ここを選んだきっかけは、これより二年近く前にさかのぼる。まだ書店勤めの間で、しかし、すでに子どもあそび採集にかかる心づもりが出来ていたので、公休日を利用して小手しらべに東京の近郊を少し歩いていた。秩父に来たのもその一環で、名郷《なごう》から峠越えして冠岩を経、武士平《ぶしだいら》で頼んで一晩泊めてもらって翌日ここを通りかかった。

武士平も、途中過ぎて来た茶平もともに数軒だけという小さな集落であったが、それでも人が住んでいた。ところが、ここは空家の群であった。細い山道をはさんで一軒、二軒、三軒、四軒、五軒、いずれも無人で家まわりは荒れ果て、壁が崩れ、羽目板が落ち、中で一軒は軒傾き、今しも膝をついて倒れんとするところ、大きくはがれたトタン屋根が風にあおられはためいて不気味な鳴り音を響かせ、周りの風景をいっそうすさまじいものにしている。

これはいいと思った。棄てられたも同然のこれらなら、さぞ家賃も安かろうと思ったのだ。東京からさして離れてもいないし地の利だって悪くない。勤めをやめて一年間は、採集の旅をするつもりだから、それが終ったらここを住み処と定めよう。

それで山に入る数日前にふたたび同じ経路を伝って当地に現れ、家々を物色した末、この家に決めた。いずれも養蚕をするための二階を持つ大きな家だ。その中で選んだ家は使っている材料も粗末で、どちらかといえば格の下がる家だったのだが、いろりのある部屋にガラス戸が張られ、仕事部屋に格好と見たのだ。他の家のように馬鹿でかくないところもこちらの手には合いそうに見えた。

部落に一軒だけまだ人の住んでいる家があった。おばあさんと嫁さんと、孫息子との三人家族で、女世帯で町に降りる算段がつかないまま不本意ながら残っているとのことであった。この家で空家の持主の住所を教えてもらい、市内に住むそちらを訪ね、借りる交渉をすました。家賃をいくらにするか向こうでは決めかねていたのを、一万円ではどうですかとこちらから額を決めることになったのである。いうまでもなく、その金額は一年分のものだ。

引き移って来た日の前日に、大家さんは親子二人して掃除に来てくれたらしい。家は空家になって以来四年が経っていた。そうでもなければやって来て直ぐに住むことも出来兼ねただろう。

玄関を入ったところが半分土間、半分板敷きのいろりのある坐る場所だけで三帖間ほどの部屋、次が一二帖間の、往時は居間であったらしいこたつの切ってある部屋、そしてほとんど同じ大きさの奥の間と続く。畳は引越す時に全部払ったものらしく、部屋はすべて板敷だが、奥の寝室にあたる部屋にだけは薄縁《うすべり》を敷いてくれていた。押入れには古い布団が三枚あったし、二、三の鍋釜も残されてあったので、背の荷一つで入ったのに、当座の生活が可能だった。いろりに火をたき、煮物をし、土間の土のかまどで飯を炊くのである。食器もすてやられる寸前の粗悪薄っぺらな西洋皿や醜悪な色づけの湯呑、飯碗などがあって、用だけなせばそれで結構としばし使っていたのだったが、あまりの侘しさに食事が喉を通らない。一口ごとに喉を叱咤激励をする必要があった。

何も食器だけの罪ではない、主なる原因はもっと他のところにあった筈なのだけれど、それでもしばらくして姉のところに預けている荷物の中から好きな古伊万里の皿とか古い物を持って来て使い出したら、たちまち心は豊かに充ち、食も進み出したのである。

引越しの荷物は、数日後それぞれ東京近くに居を定める兄と弟が運んでくれた。住み家が決まったと告げたら二人とも、それなら次の休日に行くと二つ返事で来てくれたのである。布団と当座の衣類と、最小限の台所用品、重いのは本ぐらいでわずかな量であったが、ここは車が入らない。山道を四五分、背一つで担ぎ上げなければならないのである。

そもそもこの部落が棄てられたといういわれも、そこのところにある。古くは山仕事で生計を立てていたここの人々が町に勤めに出るようになり、男たちは当初オートバイで通っていたらしいのだが、子どもの教育のことなどもあり、どうせのことにと町に降りる決心をつけたらしい。当時ここには八軒の家があった（そのもっと前には一二軒）。一軒が出た後、みなその甲斐性を競うようにたちまち続いて転出してしまった。

荷物運びの当日はあいにくの雨もよいの日であった。私はいろりに火を燃し、火の粉を避けるために姉様かぶりをして窓際の机に向かっていた。侘しくも見えたろう、早ばやと一番乗りした弟、その姿を見るなり、「こんなところに一人で……」と、あとは胸詰まらせた。七、八年前に母親が死んだ時、大柄な彼女を折りたたむようにして立棺に押し込むのを見守りながら、彼は「あんな狭いとこ入れられて……」と呟いた。その声の調子とそっくりだった。

夜は物凄かった。明るいうちはまだ強気でいる。夕刻でさえ、陽の色のある間なら平気なのである。ところがそれが流し寄せられて来た薄墨に代わり、刻々濃色が注入され、遂に彼等の手の内にとってかわられるともういけない。体の中心は三分の一がところ上に移ったようで肝が浮き、力そぎ落されて哀れ鈍なる心のみとなる。

闇が恐いのではない。山形の小さな山の村で育っている私は、鼻先を圧してくるような真の暗闇を知っている。それだから闇そのものが恐怖を引き起すのではなくて、どうやら考えてみると、闇の中では目が見えない、それが怯えを引き起すのだ。敵中において、最大の武器たる目をとり上げられる、その恐怖なのだ。

外戸が音を立てる、高く、邪険に、一度、二度、三度、急拍に、また荒々しく、その度に飛び上がる。鍵をかけてみたところで、どこからだって踏みこめそうなあばら屋だ。今にも邪悪なもの、目の前いっぱいに伸び広がる大入道でも現れそうな気がする。

この辺りは風当りが強いとは後で知った。伊勢湾台風には当家も含めて、二、三軒の家のトタン屋根がまるまるはがし取られたそうだ。だが、当時私はそれを風のもたらす音とも知らなかった。知っていたとて、それと、何者かの肩肘打ち当てる音との違いをどうやって察知すればいいのだろう。

外まわりの戸が鳴るばかりではない。この家では家の内にあってさえそれが起る。とりわけ、中の間といろりの部屋とを分ける二枚のガラス戸が激しく、外戸にひけを取らないほどに高い音を響かせている。風の通るところ建物もさして障害とならないという次第なのだが、これにも私は、敵はすでに屋内に身を移したかとばかり狂乱きたすのである。

そのうちに柱が肝潰すばかりの破裂音を発する。それに応えて別の柱もまた乾いた音を立て、間を置いてこんどは梁がじんじん呟き、板壁も笑い、床が鳴り、障子さえも震えを発してこれに唱和する。戸のぶっつかり合う音と違ってこちらはそれほど際立つものではないのだが、音がすべて溶けて空気に化してしまったような澄んだ山の中で聞くものだから、ひそやかなささやき声でさえ、体持ち上げられるほどの大音にも響くのである。

下の部屋が充分に広いのでまだ二階には行っていない。その頭上の床上をひたひた、しめやかに歩く音がする。歩きまわるわけではなく、夜ごと端から端へ行くだけか、また一往復ほどである。こちらより先にここを住み家と定めた誰かがいるのだろうか。家の横直ぐが墓地である。二〇メートルと離れていない。このあたりは家ごとに埋葬地を持っているのだが、その残された墓場がいたるところにあり、久方ぶりに住み出した人間めあてに彼等の登場となりそうな環境は充分整っている。

私はこの人たちはそう怖れなかった。たとえ現れたとしても口を開く相手でないのがよかったし、少なくとも彼等が危害を加えようとは考えられなかったからである。私の芯にある恐怖の対象は幽霊ではなく、生きてある人間なのだった。

女が一人山家に住むといっても、もしこれが自分の馴れ親しんだ土地でのことなら様相は一変したのだろう。私はまるで知らない地にやって来た。少しのつても縁に継がるものも持たず、ただやみくもに飛びこんだ。周りに住むのがどのような人たちであるのかもさっぱりわからない。その人たちが怖いのだ。

逃げる場合もあれこれ考え、履物が間に合わず飛び出した際の、裸足で籔こぐ悲劇に思いいたり、次の日から入口と反対側の雨戸の側に靴を一足備え置くこともした。

台所のガラス窓の外に妙な物を見たのもその頃である。流し台の上の裸電球をつけたら窓の外に真赤な丸い顔があり、さらにそれから舌を出してバアアーと笑った。何とも典型的なお化けの相で、想像力の貧困さにがっかりさせられるのだが、その時は、酒に酔った者の発する、あの熟柿のような臭いすらも感じたのである。

便所は外便所である。家の前に風呂場と一緒になって建っている。小雨の晩、用をすませて帰りかけたらとたんに足音がした。それも一人、二人のものではない。どういうわけか内側にいても姿がはっきり見えたのだが、坊さんで、編代の塗込笠を頭にいただき、片手に錫杖《しゃくじょう》を持ってわらじをはき、それが同じ型の切り絵を少しずつずらせて重ねたように一〇人近くも連なって、一つの調子乱さず、ざっざざっざっと砂まじりの道を踏み来るのである。心臓が突き上がる。それと同時に頭はふくらみきった風船玉のようになって、一切音が聞えなくなった。敵中に目を失うのも怖い。だが、次に強力な武器は耳である。今まさに一行はこちらに向きを変えたのかも知れず、すでに戸の外に迫っているかも知れないのに、かんじんなところを聞き分ける耳が利かない。

その間四、五拍あったろうか。もう駄目だと観念しかけたら、それでも音が再生されたのだったがおかしなことには彼等もまた最前と同じ調子の音を立てていた。ここにいたってややその音の出所に念がまわりかけたのであったが、それを極めようとするよりは、まだしも安全なる囲いの内に身を置く願いの方が急で、私は飛んで家の中に入った。

容易に眠りがやって来ない。奥の間で、縁側の方に頭を向け、境の障子を背に寝ているのである。頭の方がいやにすうすうする。夜が更けているのである。冷えても来たのだろう。だから気にしないで、最良の薬たる眠りにつくことだ。そう決めたとたんに体は逆の動作をとり振り向く。障子に細い針ほどの光がさしている。怯える心臓をなだめ、なんでもないといいきかす。そうだ紙を漉く時にたまたま蛍光塗料がまぎれ入ったのだ。

まだ眠りは来ない。どうにも落ち着かない。それなら安心を得て、その後に眠ろうと再度振り仰ぐ。光は何倍にも太くなっている。もう眠りどころではない。三度目に見たら光は障子一枚の上に斜めにかけ離れた二つの目となり、それも丸い整ったものならまだ気持も違う、歪みひしがったぞっとする醜い眇《すが》目なのであった。

六日ばかりする間に心臓が少しおかしくなった。時を選ばず、盛り上がるような、しかも調子の乱れた動悸が起るようになった。

これでは仕方あるまいと考えた。いくら思いの程まっとうしようとしたって、体をこわすのではしようがない。これほどの山でなくとも、もう一段尋常な暮らしに近い方をとったって悪いことではあるまい。わずかばかりの間であったが、これだけでもいい経験だったことにして山を降りるにしくはない。

しかし、朝になると様相は一変するのである。太陽のさきがけの賑々しい光、刻々木々の間から発せられるところの柔い空気、朝もや、草木の葉の先に貫かれた色変りの光発する宝石のような雨、露の玉、鳥のさえずり、馳けて行く風、その後に残された花の香、そして水、都会の水道の口から流れる、溶けて形を失ったものとは違う、積木のように角のある生きて、微生物もともに喉に転がり入る気配感じられる水だ。

それに何よりも人のいないところがいい。思わず深い呼吸《いき》をする。夜の間に圧し潰されていた体は、一呼吸ごとに甘くゆるみ溶けてしまいそうになるのを、まわりの空気が柔く支えてくれるのを感じる。こんな穏やかで静かな地が他にあっただろうか。

物ごとにはすべて二面、いい部分もあれば必ず悪い面もあることは、それまでに生きて来た年齢が教えていた。両者を天秤にかけて、その上でことは決すべきである。ここの和らぎ、美しさを投げ出すだけの無欲さを私は持ち合わせていない。たとえ心臓が故障をきたして、命が何年か縮められようとも、私はここの平安をとることにする。

その後も怯える種子は減らなかったのだが、右の選択を成した後では、その対応にやや変化を生じた。たとえば次のようだ。

音が消える事態には、この後もう一度出会っている。フィルムに光が入ったように頭の中が真っ白になり、音がなくなった。気狂いになるとはこういうことなのだろうと思った。これが度重なればおそらくあちらの側に入って行くのであろう。それならば、その限度がどのくらいのものか、見てやろうではないかと開き直ったのである。

こうした恐怖の夜は三〇日ぐらい続いた。それが薄らいで、ほとんど平常心でいられるようになるまでは都合四、五〇日かかったように思う。ちょうど四、五〇日した頃、空家の内の一軒で茶摘みがあった。この家では年に一回茶作りの時期だけは空家に戻って作業をするのだそうで、それに頼まれた村の女たち一四、五人がある朝降って湧いたように群れ出して茶摘みが始まった。私もこれに自ら申し出て手伝い方に加わった。自足をめざす者としては、小さくもない費《つい》えの茶の製法に通じたいという望みもあったのであるが、それよりもさらには村の人たちの前に身をさらしておきたい、見知りおいてもらいたいの願いの方が大きかった。いささかなりとも女衆の認知を得た者に対する男たちの行動が、自ずと制御をうけることにならざるはないと憶測したのである。

このもくろみも、恐怖を弱めるてだてには大いに功あったと見ている。

もっとも、後に知るに、村に残るのは年寄りばかりで、夜よなかこの山道を夜這いに登って来るような元気な男は一人もいなかったのであり、また村に住む人々はいずれもいい人たちなのであった。

# 秩父の茶作り

私の家の後ろ横手に小さな一つの小屋がある。農道具でも収納して置くところかと思えば、茶作り小屋だ。少し上の大越さんの所有になるもので、こちらのお宅も村を出て久しくなるのだが、毎年茶の時期だけは一家をあげて、残したままになっている家に泊まりこみ、一週間ほど茶作りをして行くのだ。

五月になって、そろそろ時期到来のようだと思っていると、それまでも時たま様子を見に来ていた婿の己好さんのオートバイの荷台に食糧や何やら何度も運びこまれるようになる。そのうちには奥さんの幸子さんの声がこだまするようになり、家の内外を掃除したりするらしく、そして或る日俄にざわめきと共に女たちが群れ来て、茶摘みとはなるのだった。

私もここに来て最初の茶作りの折に、一日摘み方を手伝わせてもらったことがある。山に入ってから当方は、金に頼らない生活をモットーとしていたものだから、毎日飲む茶まで手作り出来るとはこれはまた大きに儲け物、その技習得する機会逃していいものではないと考えたのだった。それに、私のここへの移住については、何かのつてがあった訳ではない。村の人たちにわたりをつけた訳でもない。ただ浮遊物が落下したさまに住みついたものだから、まわりに住むのがどういう人たちなのか皆目わからず、ことに夜間にかかって人が恐くてたまらない（この時は住んでまだ四、五〇日の頃だった）。ここは女たち、奥さん方にとりかかりをつけて置くのがつまらぬ心配を除く最大の得策とも判断したのだった。

北に育った私の茶に対する知識は皆無だ。姉たちにいわせると、昔は生家にも家から通りに出るまでの間の坂道に茶の木が植わっていて、祖母がこれを摘んで茶にしていたそうで、山形のあたりにも茶の木の育つことは知れるのだが、私の記憶にそれはあいまいなのであり、また、村の他のどこにおいても茶の木を目にすることはかつてなかった。ここに来て、はじめて目近にこの木に接し、しばらく思い巡らせた末、やっと茶の木と得心いったありさまなのだった。

それだから、茶摘みの何たるかなどもさっぱりわからず、茶作りの第一歩たるこの課程のとっくりとした学習をと意気ごんだのであったが、その内容たるや、じつに単純、ただの一言で片がつく。つまり「新葉なら何でもいいんさあ」というのであった。

そういわれてつくづく見るに、一見緑色をして、みんな一様にとれる葉も、それぞれ先端部において、いささか色の明るさが見てとれる。また目で見るだけでなく、触っても新葉は、からむ指先に馴染む柔らかさがあるのに、緑濃き旧葉は長き星霜を経、よろいをつけたごとくになっているのだ。この新葉はほとんど若軸が伸び、それに互生に葉がついた形となっているのだが、その芽ごとの新葉を欠き取るのである。

女の人たちの身仕度は一様、頭に手拭いか菅笠《すげがさ》、腰には「茶摘み籠」と呼んでいる竹籠を吊る。そしてその摘み方たるやじつに早い。こちらも手業にかけてはたいてい人にひけを取ることでないと自負しているのだが、この熟練者たちには到底及びつかない。彼女たちは、一本一本を相手にするというよりは、明度の高い新葉全体を目でとらえ、指先ではない、指の腹いっぱいを使ってあらかた摑みむしり、扱《こ》き取るのだ。この辺は、茶だけの畑を持つ家はごく稀で、普通山畑の周囲、土手などに植えてある。大越さんの家のもそれで、一しきり、蚕が音を立てて桑をむさぼり食うように、女たちが茶の木に取りついた後は、また他の場所に移動する。

それにしても茶摘みの間の当家の主婦たちの手数は大変だ。一〇時と三時にお茶がある。この折の茶菓子が一〇時には拳大もある餡《あん》コのおはぎに、午後は、やはり餡入りの手作りまんじゅうであった。この他にも、筍の煮物も蕗の煮付もどっさり出た。筍《たけのこ》は、こちらの宅の持山にも多く出るのだが、だいぶ長《た》けて節を除いて煮たようであったから、茶摘みの時期はまあ筍の終り頃にもあたるわけだ。そういえば、移動する間桑の木の下を通ったら、桑の実が白から薄赤に色づいていたから、その見当でもある。ところで、主婦の厄介はこればかりではない。その上に夕飯まで用意し、しかもこちらは酒つきであるという。

私は丸々一日手伝ったわけではないし、夕方まではいなかったのであるが、幸子さんが暗くなり方にジュース二本と、金を六〇〇円届けてくれた。おじいさんの言いつけで日当の半額ということでという。

さすればあれだけいた女たち一人ずつに払う金高は一二〇〇円だったということになる。その上に、あの茶うけの騒ぎ、夕飯はましてどんなかしらん、何とも物入りなことである。せっかくの志ではあるけれど、私の場合は金は欲しくないこと、何でもやってみたいこちらの都合で手伝ったものだから、気遣いはまったく無用、ただし、お気がすまないのなら、茶が出来た後に一服分だけでも味見にちょうだい出来たらこの上もないと申し述べた。

そしたらじっさい、出来たてのまだ熱もこもるようなのをおじいさんが掌の小紙の上にのせて贈りくれたのだが、その味たるやまことに爽気、身を通して立ちのぼるような、心洗われる清々しくもうまいものだったのである。

さて、茶摘みは二日続き、そして三日目から茶作りが始まった。これにはもっぱら八〇に近いこの家のおじいさんが一人であたるのである。彼は朝がすこぶる早い。まだ充分明けきらないうちから三〇〇米ほど離れた主屋から小屋へやってくる。我が家の裏戸は板でなく障子なので、懐中電燈の光の通り行くのがよくうかがえるのだ。これが小屋に着くと、臨時にひいてある電球に灯がつき、それから柴を折る音、時たまは薪割る音などもまじって、さらに火のはぜる音が続く。

小屋入口には土のかまどが築いてあり、火はこの中で焚かれるのである。そして湯の沸いた後、葉の蒸し方に入る。道具は羽釜の胴廻りとすっかり太さの等しい金篩《ぶるい》一つ、これに茶の葉をふんわり掴み満たし、煮えたぎる釜の上にのっけ、その上に羽釜の厚い木蓋をのせる。しばらくこのままにして湯気を上げ、それから、蓋をとってちょっと様子をうかがって篩をとり、広げてあるむしろの上に逆さにして開け、また新たな葉を入れて右をくり返す。

この蒸し加減が難しいという。あんまり蒸し過ぎてもよくないし、また、早ければ半生になる。まずは茶作りの第一関門がこのあたりにあるらしい。当方は、時間は、時間はと、それさえ聞けば虎の子取ったというようにこだわって尋ねるが、大越老人はことば少なに、ただ「色が変るかんね」と応うるばかり。

緑の生葉が蒸さった途端、さあっとまた一段濃い緑に変るそうだ。そのもっと濃い緑というのは、いってみればモスグリーンだ。浮ついていた緑が沈みこんだようないささか暗色の緑になる。大越さんはその色の変化をしか口にされなかったが、後に近所の女たちはそれに加えてもう一つの見分け方も教えてくれた。つまり、箸でかきまわして、その箸に葉っぱがからまるようになれば、それが出来た知らせだという。女たちは茶作りに関わらなかったというが、蒸し方ぐらいは手伝ったのだろう。何にしてもこの具体的な教示は、私のためにも大いに役立ったのである。

小屋は南北に細長く伸びており、東の壁沿いに腰ほどの高さの炉が築いてある。一見炉とも見えないのは、外側にはめこまれている丸木やら割木のせいで、内にはとてつもなく厚く、この辺でいうネバ（粘土）が塗りこめられている。後で聞くにネバの厚さは一尺（約三〇センチ）ほどであるという。これが薄いと焼けて周りの木に移る。

内周の形はやや中くびれで、真ん中を境に右と左に丸みが二つ継がった形。それにくびれ部分の底も一段と高くなっているので縦割りにしたひょうたんを横にした格好でもある。この一段高い中央部にのみ炭火を置く。堅炭の丈はほぼ三〇センチほどであったろうか、おおむねその寸法のままに、整然と、材木置場の材木のごとくに横に積み上げてある。炭は白炭を使う。これなら一日中保つけれども、黒炭では途中でつがねばならないそうだ。炭は武士平というもっと奥の部落から買い、一回（一日）に一俵（一五キロ）の半量を使う。熾《おきび》の上には、ひょうたんのくびれ部分、向こう岸からこちら岸に平打ちの鉄棒一五本ぐらいを渡す。これはいかさま魚焼きの構えを思わせるものだ。さらにその上に、これら火の部分を覆うだけの細いトタン板をかぶせる。

蒸し上がった葉はホイロと呼ぶ物に入れ、この炉の上で炒り、乾燥されるのであるが、そのホイロはちょうど炉の上にのる大きさの長四角、深さ七寸（約二一センチ）の浅い箱型で、周囲は厚板で枠組みがしてあり、そして底は紙である。火にかけるのに紙とは、どうでも納得いかないような気がするのだが、思うに生卵を濡紙に包んで火の中で焼くごとき、また、焼塩を作る折のような紙の思わぬ働きがあるのらしい。

見たところ、張られた生き物の皮のように重厚さと頑丈さがあって、とうてい紙となどは思えないのだが、これは何枚も重ね貼りしてあるせいらしい。終った後ひっくり返してあったのを見たら、裏はいぶしにいぶされたというふうで光輝く真っ黒、そして真ん中を頂点とし、幾重とも数知れずうろこを重ねたごとくに焼けて紙が層をなしているのだった。

ホイロは上体をやや傾けて手が向こう岸に届く巾、左右の丈も長身、しなやかな体をしゃんと伸ばした大越老人にしてどちらかに体寄せてやっと届く大きさである。これに一回に生葉ではかって一貫三〇〇（五キロ）の蒸し葉をのせる。これらは水気を含んでいることも、冷えているせいもあろう、しばらくは温度が上がらない。お茶仕（お茶製造に詳しい人のこと）たる大越さんは余裕たっぷり時々葉を掻きまわしながら、蒸されてないなお変色を見ない古い葉や、乾物のようになった旧年の葉やら、一緒について来た軸木やらを拾い出している。

ここでもっとも用心すべきは、ヘクサヅルを見分けることだという。ヘクサヅルは、一般にはヘクソカズラと呼ばれ、おそろしく臭い。まことに名のとおりに鼻もちならない臭みである。葉っぱ、たとえ一枚入っただけでも全部の茶が駄目になるという大越さんのことばも、オーバーではないのかも知れない。それにこの草はとりわけ茶の木などにからまり育ち、まさに摘まんとする新芽の先までも添い登り、しかもその柔葉は、広がったばかりで、いまだ艶を携えていない茶の新葉と、うっかり間違ってしまいかねないほど似ているのである。

そういえば、茶摘みのはじまる二、三日前に、婿さんが茶の木株の下草刈りをしてまわった。それで茶を摘む段では、生きて盛んなる茶の木と、根なしにされて気息えんえん、すでに枯れかかっているこれらとは、気持のいいほど歴然と区別ついたのである。大越さんはヘクサヅルの葉っぱ一枚まじっただけでも茶全部すてるようになるなどと激しいことをいう。けれども、幸いなことに、ヘクサヅルを含め、茶以外の葉は、こうしてかんまして（かきまわして）る間に真っ黒になって来るので、見分けることが出来るそうだ。

温度が上がって来たら、途端にお茶仕の動作が激しくなる。上下の葉をひっくり返すに、葉の間それぞれに持《じ》していた熱が蒸気となって吹き出す。その蒸気を、葉を振り落しながら逃す。両手の指をフォークのようにして葉を摑み、二、三度手を上下にさせながらゆすり落すという形だ。わずかばかりの葉ではないのだから、固まりのまま盛り上がってまた下に落ちる。これを、左右の葉を掻き寄せながら主に中央部で何度でも繰返す。

熱はいよいよ上がり、蒸気の勢いも強く、葉を抱え上げる手の位置も高くなり、蒸気の払拭、自然を待つのではなく、ついフウフウ息をかけて動き促進させるようなさまだ。蒸気に包まれた手の方だってフウフウしたいぐらい熱持つのだろう。

そのうちとうとう、勢いはないながら、今までとは少し異なる煙が一すじ昇ったとみるまに底が焦げ出した。大越さんは少しもあわてない。葉を周囲によけやり（覆いがとれたので、焦げ色は一段と力増したのであったが）、手の届くところの棚に置いてある丼一つに満たした糊にひたしてある刷毛を取って一はきし、同じく一つ所にあった、二〇センチに一〇センチ四方ぐらいの紙を貼り、また二、三枚周辺に補強に貼り重ねた。

この紙、つまりホイロの底をなしているものだが、これは小川和紙といって秩父市東の小川町から買って来る。茶作り用といって糊の入らないものである（どんな和紙でも野生植物にせよ、栽培種にせよ糊料は必須だと思うが、その糊も含めてだったのだろうか）。糊入りの品は焼けるから駄目だという。カゾ（コウゾ）紙である。高い値で、一昨年買ったのは一帖で七五〇円、今年（昭和五九年）は一一〇〇円ほどだった。これを六つ切りにし、うどん粉で作った糊で貼る。こうしたことが難儀なので、かねのホイロ（トタン底）使う人もあり、自分も一度かねのホイロ使ってみたが、味が悪くやめた。トタンに紙貼ると中が袋になり、温度が上がらないという。

紙の上で、それが焼けないていどの温度で、あらかた生にも等しい葉を固い乾燥茶にして終《お》すといったら、ほとんど気が遠くなるような難事たることを理解するのだが、いくら紙の上とはいえ、焦げ目もつかないような温度ではそれこそ何十時間にも及ぶ時を要する。紙が時たま煙上げるほどの温度でこそはかもいくのであり、かつそれがまたいい茶にする条件ともなるのらしい。

ところで、これらの見聞は初回に一度にされたのではない。私はひどく臆病であった。すでに村をすてた人たちとはいいながら、これら先住者には遠慮がある。はっきり挨拶も抜きにして同じ近間に身を置いているというところにも居辛さがある。たまたま小屋が家真近にあったことで、何とはなしに近づきの格好にはなったものの、小屋に立ち寄るのはどうにも気がひける。一方大越さん方にとっては、どこの馬の骨とも知れぬ者に作業現場に立ち入られること、不気味にして重大な気がかかり、困惑だったたに違いないのだ。

それでなるべく短時間、小屋の入口からうかがい見せてもらうだけにした。これらはその垣間見《かいまみ》の集大成である。もっとも数年にわたっているにもかかわらず、その全習作は目にしていない。何度のぞいても、すでに見知っている課程が連めんと続くだけだったり、今年こそはあの技を目撃しておきたいと心構えても、いつの間にやら通り過ぎているという風で、これも不便ではあるのだ。それで昭和四九年には、少し気を許してもらえるようになった大越さんの傍に手帖など携え行って、一通り茶作りの法を口伝受けたりしている。右の小川紙の値段もこの折に教えられたものだ。

さて、ホイロの上の葉は、やや乾いて手にやたら貼りつかないようになったら、「葉ぶり」といって軽く葉を揉む。葉ぶりとはいい得ていて、両掌にはさんだ葉を、手を前後逆方向にすり合わせる形で振りほどくのだ。これが全部の葉に行きわたって行われたなら（所要時間はほぼ二〇分ぐらい）、次には、こんどこそは揉むにあたる、いささか揉まれて形を細長いものに変えている葉を、そくそくと引き寄せ、まとめ上げたのを、「うどん粉を練るように」力を入れてもみ上げる。

茶は普通、両の掌間で揉まれるのだが、この時だけは中央の鉄棒とトタンの上で、大越さんいう、「あぶりつけるようにして」転がし揉むのである。よほど乾いたように見えていたのに、これで青い汁が滲み出て紙床を染める。この汁をしぼり出すほどでないとよくないのだそうだ。名づけて「しぼり」というその名称は、汁を搾るにあるのだろう。「しぼり」はまた一名「でんぐり」とも呼ばれるが、こちらは「転ばすからだんべ」との大越さんの言だった。この後は充分に揉まれてふたたび表面が濡れそぼったようになっているのをしばらくの間乾かし、これで第一回の分が終りである。以上までのところ、つまり「葉ぶり」と「でんぐり」と一つにまとめては「青葉ごろし」の総称が出来ているのであり、またこれは「一番」とも呼び慣《な》わされる。一番の所要時間はほぼ三時間であるという。

## 「より」から「火入れ」へ

「青葉ごろし」が「一番」に対して、「二番」にあたるのが「より」である。両掌間にはさんだ葉を、こんどは一方方向に手をすべらせて縒《よ》りをかけていく。所用時間は一時間半あまり、繰り返しが進むごとに、それぞれの葉は巻きを重ね、あたかも紙縒《こより》のように身を引き締めていく。大越さんは、買ったお茶は、この縒りがあまいために二回ぐらい出したら出なくなる。けれども作った茶は六回は出るという。

終ったら目のしごく粗い竹製のとうす（トウシ）にかけて、生乾きの葉を除き（これらは茎に継がったままだったり馬鹿大きい形なのでトウシの目にひっかかる）、「火ぞろえ」といって、もっぱら乾燥を進める業を行う。

茶の葉は蒸されたばかりの時は大変なかさだったものが、一課程、一課程進むうちに何分の一かに量減っている。それだから、途中からは何回分かを合わせて一つにしている。たとえば、「青葉ごろし」

三回分を二つに分けて「より」がなされ、「より」三回分を一緒にして「火ぞろえ」がなされるというようにだ。「火ぞろえ」はこうした回を違えての乾燥のばらつきを平らにする意味もあるのだろう。

何にしても、「火ぞろえ」にいたる前にほぼ乾燥はなっているのである。その上に「火ぞろえ」になお一時間もかけるものだから、乾燥は頂点を過ごし、製茶の業もこれまでと思われるのに、この後にもう一つ、「火入れ」という最終段階が組みこまれている。「火ぞろえ」のすんだものから粉の部分を除き、全部を総まとめにして（多い場合は二回に分けて）「火入れ」が行われる。

ここではもう大きな動きは見られない。ほいろ内に敷き積んだ微塵なる、そして重量感に満つものを細かく穏やかに、ただしひたすら掻き動かすだけだ。その動きにも一定の型があり、両手を交互に斜上に押し上げ、また反対に斜下に掻き下ろす、すなわち杉綾の目をなす。これを二時間半ほど続けるのだが、その終りの方でだけ、杉綾は渦巻模様に変る。同じく両手を揃えて、内に向かって渦を描き、また外に向けて輪を広げる。

この頃、茶はそれまでの黒色だった表面に白い粉をふくようになっている。あたかも、葡萄の表面覆うもの、また乾燥の限度に来た干柿の表に浮き上がらせる類に似るのだが、全体青白く、整いすまされたところに、描き出される五指の軌跡はつい禅寺などの砂庭を思わされるものだ。渦巻を伴う技は「つるきり」といって、ここにいたるまでもなお身を完うしているつるのごとき長身のものを折り切るためのものだという。

これで茶作りはすっかり終った。当家で作る茶の量は、例年青葉で二〇貫＝八〇キロ近く、青葉四貫五〇〇メ（一七キロ）から、粉を除いて一貫メ（三・八キロ）の茶が出来る。大変な量だが、昔はもっと多かった。五〇年ぐらい前までは狭山から若い衆のお茶仕が廻って来、それを雇って大量に茶を作り、「売り茶」にした。製茶法は両方とも同じだったというが、それよりは、彼らの製法ここに跡とどめているというのであるらしかった。

登内さんは、しきりに茶作りの重労働なことという。それは垣間見るだに余りあるほど知れたことであるけれど、また右にいう八〇キロという量からみてもおよそ察しがつくであろう。いちばん最初の「青葉ごろし」にかける青葉の量は五キロであるから、同課程だけでじつに一六回繰り返す勘定になる。

登内さんは毎年茶作りが終ると体重が二キロ減る。終いには小便がまるっきり渋茶の色になるともいった。早朝から日がな立ちっ放し、それも火処に貼りついての作業であるから、人間の方だって半分乾いたようになるのであろう。しかし、こんな難儀な大仕事なのに登内さんは一人でやっていた。他の人には手も触れさせたくない風であった。

ちょっとした不始末が、向後一年か、それ以上の日毎の楽しみを損ねると思えば、じっともしておれなかったのであろうが、それよりはすべて自分の掌《たなごころ》の内から生み出し、目で確かめなければ満足出来ない職人気質のようなところがあって、一人、自分の牙城を守っているという風情であった。

それが、何年か後、茶作りをやめる最後の二年間だけ、婿の己好さんと二人でやっていて、おやと思った。己好さんは、彼が呼ぶところの「おじい」の隣に並んで、ひどく神妙な手つきで揉み方をやっていた。とうとう登内さんも寄る年波を考えて、跡継ぎを仕込むところだなと見ていた。けれども、近頃幸子さんに聞くに、登内さんはその頃、目が薄くなっていたという。

道理で、それまでは、八〇幾つか過ぎているのにしなやかな体つきで、度々山仕事に登って来ていたのにぱったり見えなくなったと思っていた。足腰だけは達者なので、山に行きたい、仕事もまだ出来るというが、誰かついていてでなければ心配でよこすことが出来ず、そんな次第で茶作りも終りになったのだという。

そうならあれは城を開け渡すための準備ではなく、ただ失った我が目の代りをさせただけだったのかななど思ったりするのである。

## 年　齢

年のことなどを書くのはいささか恥ずかしいのであるけれど、私は今満で三八歳である。ところがここに少し厄介な事があって、この三八という年齢が昨年、いや一昨年、もっと正確に言えば私の誕生日は一一月であるから一昨年の一一月からこのかたずっと続いているのである。

私は数を数えるのが何とも苦手であり、今ちょっと数字を説明しただけで何やら心許なくなってしまっているのだが、お解りいただけたであろうか、要するに誕生日から丸一年経てば一つ年を取るのが尋常な年の取り方だろうに、私の場合は去年も今年も二年間続けて三八で今度誕生日が来ればやっと新しい年が迎えられるというのである。なんでこんな不思議なことになったのか今もよく解らないのだが、事の発端は昨年の春にある。

東京に住んでいる姉が陣中見舞かたがた、山菜採りかたがた秩父の我が山家に泊まりに来たのは五月の連休の時であった。夜はまだ肩をすぼめる程に寒く、私は囲炉裏の火の番をし、姉はクッションやら毛布やら座布団やら私の財産をみんな出させて、火のそばに長くなり、我々の田舎のことから、兄弟のニュースから、自分の娘たちのことから、いつもの通りながら実に真面目に根気よく語り続ける。

このような時には無理のない子守唄のような語り口であるから、私の方はたいていこうなると眠くなってしまう。そのうち姉は急に「たま、今三七でしょう」と聞いて来た。これは尋ねるというよりはだめ押しのような調子だったのだが、私は急いでいや三八だと訂正した。その明確な答え方に姉は一瞬戸惑ったようであった。しかし今度はきみが幾つで、勲が幾つでなどと私とこの姉との間にいる二人の兄弟の年からたぐって来て、「いや三七だ」とこれはまた恐ろしく厳しい口調で宣告する。恐らく私が一つ余計に年を取ったら、あちらもまた順送りに一つ年を取らなければならないからなのであろう。

しかし、私の方だって自分の年齢を間違うほど年取っている訳ではない。それどころか、いくら年のことなど気にしない風を装ってみても女なのであり、しかも兎も角独身の身なのである。決して少なく気になっている。その気に病んでいる者が、何で自分の年を一つ余計になど覚え込むものであろうか。実際より若い年齢をこそ無意識にも想い込んでしまいたい心境なのである。

第一その前の年、東北の方を歩いた旅でも、宿に泊まった時の宿帖にはいつも三八を書いて通して来た。またつい数日前にも隣家に行って客に来ていたその家のおばあさんの弟さんに「幾つにおなりんさるね」と聞かれて三八ですと答えたばかりなのである。

だがこのような感情的な論法は、どうもたいていの場合弱いもののようである。姉はもっと科学的な方法を持ち出して来た。「昭和一一年の一一月三日に生れたんだから、昭和一二年の一一月三日で満一歳でしょ、一三年で二つ、一四年で三つ、二一年の一一月で一〇になるのよ」。よかった、やっと一〇になった。私は最初は一緒に数えていたが、二〇歳位でとうとう目が廻り、後は数える振りだけしていた。姉の方はしかしねばり強いことでは私以上の人である。一つずつの数を逃さないように手に握りしめながら執拗に数を進め、見事に昭和四七年一一月まで数え終した。そしていう。

「ほらみてご覧なさい三七に間違いないから」

嬉しかった。久し振りで私は飛び上がって手を叩いた。こんな素晴しいことも起こる時は起こるものである。年齢を気にしているオールドミスに年を一つ減らしてくれるなど、これ以上の優しい事はないあろう。私は若し姉が欲するなら、一晩中でも寝ないで肩を揉んでやってもよいと思った。

だが直ぐその気にはなるけれど、恐ろしく諦めが悪いのも私の性格である。何だか心配になって来た。よく今までもこうと思ったのが、そうはならず糠喜びに終るのが沢山あった。今度のもそうなのではないか。それで私は姉に頼んだ。「東京に帰ってもっとよーく考えて、若しやっぱり三八だったのなら直ぐ知らせてよ、糠喜ばせだったらなんぼか罪深いことだべよ（でしょうよ）」。姉はこれを承知した。

東京へ帰った姉からは其の後何とも言って来ない。私はやっぱり三七歳だったようである。

私の年齢音痴は実は今に始まったことではない。両親の年齢がどうしても覚えられなかった。一緒に住んでいる間は構わなかったけれど、離れて高校に入ってからは、家族調書などを書かされる度に七転八倒した。私の兄弟は下に一人の弟で私の上に六人居る。その兄弟間の年齢の差がほぼ覚え易いようになっていて、これで一番上の姉まで探って行き、この姉を産んだ時の母親はあらかた二〇何歳だろうから、それを足してみる。こうすると、そう大きな間違いがなく割り出されはする。ただ後になってからはそれほど律気でなく、しばし心を落ち着けてその時フッと頭に浮んだ数の、それも親を喜ばせようと思ってなるべく若い年齢を言うようにしていた。そしてその度ごとに、これは大変な親不幸なのではないか、という後ろめたさと苦さを味わうものだった。

もう大分前になるが母親が死んだ（これもいつのことであるか決して記憶出来ない）、それからしばらくしてから父親も亡くなった。私はこれでもう逃さないぞと思った。今まで散々苦労させられた歳であるけれど、もうこっちのものだぞと思った。人が死んでしまったのに、歳だけが勝手に歳を取ったりするようなこともないであろうから、たった一つの数だけを覚え込んでしまえばあとは永久に我がものになるのである。

しかし信じられないようなことも、世の中には多いものだ。私は今もってその歳が覚えられないのである。

## 猪ともろこし

到頭やられた。猪にである。

冷たい雨が数日降り続いていたのが、今日は思い切り悪そうな空ながらとも角晴れたので、登山靴を履いて畑に出た。大根を間引かねばならなかったし、白菜の土寄せもしておきたかった。ところが畑に出てみてあきれたことには、その同じ場所にあるとうもろこし畑が恐ろしい具合に荒らされている。もっともとうもろこし畑などというと、天をさして穂を突き立て、人の姿をすっぽり隠すような緑一色の畑を想像されるかも知れないが、私のとうもろこしはただの二列である。

しかもこのとうもろこし、どうした訳か立っていないで、ほぼ三〇度角度に寝そべっている。長々と体を伸ばし、片肘ついて空ゆく雲や月を眺めているという格好。これだってもともと地這いきゅうりや隠元などのように地に伏す種類というのではなかった。先頃の台風で凪になぐられ、雨に叩かれてかく惨めな姿とは相成った。他の百姓方のようによく手を入れてずんぐり獅子の脚が如き太い幹に仕立てておけば総なめなどということにはならない筈だったのだけれども、私のは気の毒なほどにも細い脚で、常々これには責任を感じていたから、倒れた彼等にもふたたび立てとは命令が出来なかった。

こんな具合に寝ているとうもろこしであるから、荒らされていることにも直ぐには気が付かなかったので、そばまで行ったら地面は大変な青蠅で、一足動くごとに足許からワーッと飛び立つ。猪は恐らく歯をみがく習慣などを持たないのだろうからしゃぶったり、吐き出したりして周りに散乱しているとうもろこしかすなどには蠅の好きそうなものが沢山ついているのでしょう。

それにしても彼等は派手に食べ散らしてはいるけれど、実に念入りに豆を食べている。彼等の食べ方はこんなである。まず幹からとうもろこしだけをかく、茎をへし折ってあるのも何本かあったけれど、あとはたいてい人間のように苞《ほう》だけを上手にもぎ取る。これは鳥もそうである。茎の上ではどうも操作が不便ならしくて、ちゃんと苞を地面に転がして、それからはなはだ確実に中の豆を食べる。

あのとうもろこしの何重にも重なっている皮をむく時はキュルルキュ、キーなどとたくまざる音楽を奏でながらむくものであるけれど、何回かに小分けしてやらないとなかなかきつい。猪はそこをどうやっているのか、一時に中程までバッと広げてあとは中の豆をほじり出している。もう少し面倒をして下までむき下げればすっかり露《あらわ》になるのだろうけれど、そんなことは構わないらしい。

そしてこれらを食べる時には幾つかに折って食べるらしく、みな一本が二つか三つかに切ってある。こうして小さくしたのを口の中に入れてゴニョゴニョやり、出してまた別のというようにして食べるのかしらん。我々なら豆粒ごと食べることも多いけれど、彼等のは柔らかい豆の中味だけを歯でしごいて、豆の外側の皮は残したままという贅沢な食べ方である。見たところ汚らしく食べ散らしているけれど、豆の方は念入りに少しも残さず食べていて、幾らか残っているのがあったら貰って食べようと思ったが、駄目であった。まだ手の付けられていない実もあってこれは助かったと思ったら中身は実の入っていない未熟もろこしである。彼等はどうして中を見ないでもそこを見抜くのであろうか。それにしてもせめて作り主に一本位は残して行く礼儀を知っていても良かった筈である。

けれどもそうかといって作り主の方は、それでもそんなに腹を立てていた訳ではない。若しこれが一年の重要な食料のジャガ芋なのであったらこんなことではすまない。恐らく、

「この人でなし、なまけもの、泥棒、自分で畑を作ったらいいじゃないか、私だってガンバッテ生きているんだぞ」

幸いこんな気の毒な言葉を吐かないですんだのも、二列だけのとうもろこしのせいでもあったし、実

のところ、少し得意になっていた。やっと猪が相手にしてくれたからである。

この辺りに猪が頻繁に現れるようになったのは、昨年頃からだと思う。そして殊に今年は出るのが早かった。春のまだ何の作物もないちょうどフキノトウの出始めた頃、近くの山のどこもかしこもブルドーザーが入ったように掘り起された。猪が葛の根を掘ったのである。

そして五月ジャガイモが植え付けされてようやく新ジャガイモの子が出来た頃からもう待ち切れずに掘り始めた。茎を根こそぎにし、種芋は食べずに小さな芋の子だけを食べるのである。日向、おおがい、嶽、どこの部落でもやられて種芋分もとれなかったという家なども幾らもある。けれども私の作ってい
る畑の直ぐ傍まで来ていながら私のだけはジャガイモもさつま芋も一度もやられたことがない。

どうも猪にはわずかばかりの作物など話にもならないというのか、それとも他の畑とははなはだ見劣りのする様子だから彼等には雑草位にしか思えないのか、いずれにせよ少しばかり気に病んでいたのである。

とうもろこしが食べられてやっと一人前になったような気がしたが、その猪がとうもろこしを噛りながら横目をむいてなんてケチなもろこしだなどといってる様を想像したら、何だか少しばかりいやな気持がした。

# みみず

ここのところ毎日、みみずに世話を焼かさせられている。

我が山家の台所と、居間と、書斎と、玄関とを兼ねる一室は、今はかってみるとほぼ八畳間の広さ、そしてこの半分、三畳間位のところが板敷きになっていて、そこに囲炉裏があり、後の残りは土間になっていて、後ろ隅にはかまどがある。この土間にみみずが入って来るのである。みみずにしてみれば地面だけを這って来るのであろうから、その上に家の格好をした囲いがあることなど一向に、眼中にない。天下の公道だと思っているのらしい。

それは構わないのである。よく「通り抜け禁止」などと書いた庭なども見るけれど、私のところはみみずに限らず蛇だって狐だって通り抜けたかったらそうして少しも構わない。けれどもみみずはそれが通り抜けないから厄介なのである。

彼等はひやっとした湿った空気を送って来る縁の下から来るのか、それとも土間の中ほどにある竈《かまど》の後ろあたりからなのか、台所の崩れかかっている裾の辺りからか、ちょっと土間に目をやると、もう長々と身を横たえている。決まって大きな体で、太さもほぼ同じ、小指位で首のところには一センチ巾位のネクタイをしている。皆最初はフレッシュであり艶々した水っぽい体をずーっと伸ばして少し縮りまた伸ばしてとすこぶる自信ありげに見える。

しかしこれほどもろい動物もいるであろうか、その三畳ほどの土間の中ほどでもう動けなくなるのである。土間の土は私の山形の家のなどのように黒々として磨かれたようなのとは違って、ここのはいつも粉っぽく乾いているから、体はいつの間にやらその粉にまみれて、気軽な散歩の途中であったのか、または新世界を求める開拓者であったのか知れないけれど、この荒涼とした不毛の地に踏み迷ってただ命が尽きることになる。土間の隅の方に置いてある登山靴や地下足袋などの底のしめりで一息つき、自力で抜け出る見事なものもいるけれど、これはほんの少しで、どうも動きが鈍くなってからは急速に衰えるのである。

こうした開拓者たちを放っとくのはつらいので、そのたびごとに私は「しょうがないな」といいながら囲炉裏の火ばしを持って下りて外に放り投げる。しかしこの時だって彼等は実に非協力的なのだ。つまもうとすると、かなりな力を出して逃れようとするし、火ばしの中にはさまれてからだって、こちらががたぴし堅い入口の戸を開けるに一生懸命になってる間に頭と尻尾を空中で水平にしたり、上下にグリグリ動かしたりして大いに暴れ、何度もつまみ直したりしなければならない。

時々彼等は、この荒野に自殺行に来ているのかと不安に思う位である。しかもこれが次から次へと現れる。放り出してやれやれと思って仕事を始めると、またながーいのが這い出して来る。それも皆どうも格好が似ていてひょっとしたらよほど感の鈍い、そうでなければよほど意地の悪い同じ一匹のみみずかとも疑ってしまうほどである。それならこっちにも覚悟がある。赤いリボンでも目印に巻いて置こうかと思ったが、猫などと違ってリボンの引っかかるところがなさそうであったから実行はしなかった。

これが梅雨開け後一か月位続いた。夜の間だって入って来るので、毎朝きっと一、二匹死んでいるのがあり、これらは放って置くと三日位で小さな馬蹄型になって干からびてしまう。しかしここのところやっと現れなくなりほっとした気分であったが、それが今度はとんでもないところから現れた。

どうも我が住み家の近くの生き物は一筋縄では行かない。この間来た迷い子らしい中猫（子猫より少し大きかった）などは、夜中に電報屋に化けて私を叩き起こし、堂々と玄関から中に入って来た位である。それでこのみみずであるけれど、どこから出て来たと思われるだろうか、水道の蛇口からなのである。

水道の水の出が悪くなったのは大分前からであった。ここの水は山から流れ落ちる細い水をコンクリートの水槽に受け、そこから管で引いてある。水の出が悪くなったのは台風七号、八号と大変な雨量を降らした後のことで、水槽内にもゴミやら石やら流れ込んだから、私はそのせいかとばかり思っていた。井戸替えをしなければとも思ったが、細くとも充分間には合っているのだから、それほど気にはしていなかった。

ところが四、五日ほど前、その水がすっかり止まってしまった。しかし、水がそこまで来ている証拠には、ねじをひねると何かのはずみで穴から細くピューッとふき出すことがあるし、ねじのところからも水があふれ出ようとしている。それで出口の所が悪いように思えたからそこに指を当ててみたら、どうやって中に入れたものか知れないが、井桁型のガチガチに堅いプラスチックのようなものがあり、そしてもう一つ奇妙なものはその井桁の真ん中に何やら柔いものがある。柔らかいけれどちょっと張りがあるようでナマコに触ったような感じである。

蛇口の中とは随分おかしなものが詰まっていると思ったが、考えてみればその井桁の真ん中のものが穴をふさいでいるのに違いなかった。それで目の前の食器棚からフォークを一本抜いてそれを引っ張り出した。ずいぶん長かった。それでスパゲッティを食べる時のように一回クルッとフォークに巻きつけてやっと引き抜いた。

みみずを愛する人たちには、これはどうも残酷なことであった。私もこれ以上詳細に話すのは気が進まない。ただ、救出作業むなしく引き出したみみずは既に死んでいたし、私の方は、それが最近殊の他付き合いがあった相手のことであったから「なんだお前か」といった。

どうやら水の出の悪くなって以来の二か月余、私はみみずと一緒の水を飲んでいたのだ。

# 山の食べ物

五月なかば、旅に出てしばらく留守にしていた家に帰って来たら、軒先の山椒が大きく枝葉を広げていました。月はじめに信州で見たときは、まだ色も赤みの勝つ新芽が、やっと枝先に開いたところで、これから帰ったら、ちょうど佃煮にするのにいい頃だなと思っていたのでしたが、東京でしばらく日を過ごしたので、その間に伸びてしまったのでしょう。けれども、食料の少ない山の中のことだ。少々こわくとも煮てしまうに限ります。

この山椒は、もう一〇年近く前、私が過疎で人の住まなくなった部落の、この空家に入った時に、薬味用にと小さな一本を植えたものでした。その頃、数年は、佃煮にするのに山に摘みに歩いたものでしたけれど、今はこれ一本で間に合うようになりました。それにしても伸び過ぎた。少し枝下ろしすることにしましょう。

庭から、ミツバとヤツバと取って汁の味とひたしにしました。これらは勝手に生えています。ヤツバというのは秩父の人の呼び名で、和名はヤマゼリ、セリともミツバとも似てないことはないのですが、これらよりはるかにうまく、むしろ、姿も味も、アシタバに似ています。それから庭にあるのは、草に埋もれてあるニラの数株と、ラッキョウとノビルと、一画を頑固に占めているアカザの大群と、その間には、丈伸びたヒメジオンと、クサノオウが、気持よさげに花咲かしています。

なまけ者の私は、最近、草を食べることにしているのです。勤勉に野菜作りもしたのですが、百姓が「作り物も、草ぐらいに強いといいのだけれど」と嘆くの通り、草取りばかりも厄介だし、せっかく丹精しても、少し留守にして帰ってみると、断然草にとって代られているというありさまで、それなら、一人でに生えてくる草の方にしようと、切り替えたのです。

今は、一年のうちでもっとも食べるものの多い時期です。裏の細い流れのところに行けば、セリは少したけていましょうが、ミズがあるはずですし、向かいの林の中に入れば、足許をチゴユリが埋める中に、トトキ（ツリガネニンジン）があります。これは細い葉が車座になって何段かになっていて、折ると、中空の茎から乳状の汁が出ます。幾つかのものの重なった豊かな味がして、てんぷらにするのが最適です。

山道を少し下って、林の中を横にしばらく行ったところにはモミジガサがたんとあります。茎は瑞々しい紫をおびたもので、それに、モミジのような割れた葉を、肩や、頭におしかぶっている格別で、蕗に似たような香があり、素直で、アクがなくてじつにおいしい。これは、ひたしにしてそのままの味を楽しむに上はありません。秩父でこれをトウキチ、またトウキチロウと呼ぶのは、必ず木の下に生えるからです。

数日してウドとりに行きました。山道をしばらく登ったところの杉林の中で、〝私のウド山〟と称している、斜の山半分なのです。ですが、ウドの姿は、ほとんどなく、たまにたけたのが目立つのも、みな一様に金釘のような細さです。まわりを見れば、何やらがらんとして、他の草木も丈低く生気がありません。杉が成長して、空を覆ってしまったのです。人や、動物なら、陽当りのいいところへ引っ越しも出来ますが、草はその点気の毒です。

帰りにウルイと、ミツバウツギの若芽をとって来ました。ミツバウツギは、先とんがりの優しげな丸葉が三枚ずつ連れになってついている小灌木です。これが食べられると聞いていましたけれど、どの木か知りませんでした。去年の秋、青森の、岩手県に近い南郷村で、ハシギだと教えられたのが、この木でした。ハシギの名は、これで箸にするからで、素性よく割れるので、それを削って一年中の用にしました。この名は、岩手にも広くて、正月前になると親たちが新しく作り、ミタマノメシにも、大師たまの箸にも、また豆腐焼く串にもしたようです。

食べた味は、ウコギのようなしゃきっとした歯ざわりながら、少しいがらさがあります。茹でが浅かったのでしょうか。

先頃、帰りにはちょっと失敗しました。諏訪で、岡部牧夫さん夫妻をたずねました。この人たちは、古い農家をもらったのをあらかた自分たちで作り直して住んでいます。翌日摘み草に山を案内してくれました。目ざしたタラの芽は誰かにとられていて、もっぱらコシアブラを集めました。しごく似合うと見ていた御主人のステッキは、伊達ではなかったらしく、それで、やたら上にばかり伸びている幹をたわめて、女たちが芽を欠きます。

そのあたりにたいていウルシがありました。薄赤い芽が、今しもタラの芽のように伸びてうまそうです。ウルシの芽はうまい、まける人は尻の穴が痒くなるけんどと方々で聞いていたので、一度試食の好機とねらっていました。幸い御夫妻もウルシに負けないというので集めました。二人は警戒して手を出しません。

夕方、料理する時には、折る時白い液が滲んでいた切り口は真っ黒に変色しています。何やら手強い感じです。ですが、水でざぶざぶ洗って、味噌味《あじ》の胡麻合《ごまあ》えにしました。残念ながら舌にかなりな渋みが残ります。これだったらタラの芽の方がいいようだ、など私は思います。二人はしかし、うまい、うまい、他の人にも教えてやろう、と食べてくれました。

翌日おいとまして、私は東京の弟のところに寄りました。その次の朝、右眼が重たく腫れました。でも、まぶたが腫れただけで、さして被害はなかったのですが、岡部さんからは数日後、はがきが舞い込みました。控え目に、

「家内は指の間と尻の穴がひどく痒がっていました」

ご免なさい岡部さん。これで少なくとも私たち二人は、ウルシ食から離れたようです。

# 秩父の山から

四か月留守にした家に帰って来ました。この度は、北海道のアイヌの間をまわり、それから帰りに、陸中海岸を仙台まで歩いたのでした。

東京を午前中立ったのでしたが、秩父で、二時のバスに乗り遅れ、四時近いので来ましたから、終点から、車の入らない、山道を四〇分近く歩いて着いた時は、薄暗がりでした。

帰っていちばんに郵便物を見ます。家の前に、白壁の小さな風呂屋があって、留守の間はこの小屋一つが、まるまるポストになるのです。大して問題の便りも来ておりません。

次に台所に行って水道をひねります。案の定、水が出ません。これはかなり厄介です。ここの水道は裏山の岩の間をしたたるわずかばかりのものを竹の樋《とい》で受け、コンクリートの水槽に貯めて、そこから地中をホースで運んでいるのですが、岩が崩れて樋が外れたり、大雨で通り路がふさがったりして、一時水槽が空になると、ホースの中に空気が入ってしまってもう水を吸い上げないのです。そうしますと、土をわずかにけずって一枚の板をめくり、二本のホースの継ぎ目、何やら武骨な六角の留めねじが、三つ、四つついている、これを外して、水槽と継がる方のホースの口に、口つけて、思いっ切り吸います。こちらの貧弱な肺活量では何とも心もとなくて、少し栄養不足の時などは目がまわりそうになるものです。それでも、水の中にもひそかな風に体傾ける者もいるようで、暫時、仲間が増え、群集となり、遂に勢いよく飛び出します。

でも、もう暗くなるのですから、明日にしましょう。

さしあたって今晩の分だけ水を汲むことにして、思わず、

「ああ、バケツが欲しい」

とつぶやきます。こういう事態にいたるたびにそれを切望すること、もう何度となく繰り返しているのですが、見廻してもないところを見ると、私はまだ用意を怠っているのでした。かくて、此の度もまた、鍋一つと、大きくもないヤカンとを下げて、上の家の庭に水汲みに行きます。この家にはまめな老人がいて（住んではおらず、町に下りているのです）、時々家や山の見廻りに来、冬は水道が凍るといって藁の着物を着せ、そしてまた常時細く水を流し続けているものですから、ここは年中水が切れません。水槽の構えもよほどよく出来ているらしいのです。

炊事場と、応接間と、仕事部屋とを兼ねているここは、八帖間ほどの広さで、半分が土間になり、かまどがあり、台所があり、もう一方は板の間で、いろりが切ってあります。水がないのですから、拭き掃除するわずらいもなく、新聞紙を敷いた上に座布団を敷いて、いろりに火をたき、夕食をしました。

黒パンとチーズと、途中でもらってきた白菜漬けとでした。
外は呼吸《いき》の途中ですっぱり時間が切れてしまったような、音なしの真っ暗闇で、火の音と、鉄びんの鳴る音ばかり目の前にしていますと、余分なものがみんな身から離れていって、芯ばかりになるような気がします。旅を続けた間にも、これほど、静寂な場に身を置いたことがあったでしょうか。

曇りだったり、雨だったりをいいことに、まだ家の掃除はしておりません。急ぎもしないカードの整理などはじめています。いろりには日がな火を燃しております。だいぶ冷えこんでいますし、焚物はいくらだってあるのですから。なにしろ、今は私一人の住人ですから、どれほど焚いても焚きされません。まわりは杉ばっかりで、枝打ちしたのがいくらも拾えますし、たきつけの杉葉など、風の強い日には風が庭まで運んでくれます。

けれども、この部屋はじつに寒いのです。あとから継ぎ足した部分で出来ているものの、簡易な材料を使っており、板壁は透間だらけで、殊にも裏側は、湿気でもはや崩れかけて、狐さえもぐり込めそうになっているのです。屋根ののっかっているぐるりも、みんな、手二つ入るぐらいに間《ま》があいています。
また屋根が低いので、火をたくと部屋中猛烈にけむたい。煙出しはあるにはあるのですが、横にそれて、それもほんのささいなものですから、煙にはそれが捜せずに右往左往するらしいのです。それで過ごし方の悪さにすこぶる渋い顔をしながら右にいう、凡ゆる透間を通って抜けて行く。透間も用有りのようなのです。

そんなわけですから、いくら火をたいても、火にあたらない体半分は冷たい。窓べの机で仕事をはじめたら、手がかじかみます。風の強烈な日など、勝手に部屋を行き来して凍豆腐になりそうです。

この度帰る時、もうあの寒さには耐えられないと思いながら来ました。北海道、東北をまわる間、夏でも寒ければ、ストーブをたき、掘りごたつに火入れよく暖をとって過ごしておりました。行を修めの望みを持つ者でもあるまいし、もっと暮らしを快適にする必要があります。寝室には世話のない電機ストーブを入れましょう。仕事部屋はあそこから表玄関の小間に移して、こちらはもっとがんがんあったかいガスストーブがいい。一日だってあんな寒さの中にいるのはご免だから、東京から秩父に電話してストーブを注文しておこう。

けれども、電車に乗って秩父に向かったあたりから、気持に少し変化が来ました。転がり積んで朽ちていく、林の中の焚物の姿が目に浮びます。自然のくれた恩恵に手を広げることをせずに、ガスとか電機とかに頼ろうとするのは、彼に対して、ひどく申し訳のないことではなかろうか。何としても手許にあるものを用いず、わざわざそれらを運び上げるということがすこぶる不自然です。それでストーブでも薪を燃すまきストーブに変えました。そのまきストーブが秩父で手に入るかどうか、どこで、幾らぐらいで売っているのか、こんな情報も、山を降りたところの、バスの終点でもある郵便局に寄って仕入れて来たのでした。

それなのに、こうして赤い火の自由に燃えてるのを眺めていますと、ストーブは、大してどうでもよくなってくるから不思議です。それは寒いでしょう。でも、昔の人たちは、みなこれだったのです。それならこちらだってやって我慢出来ないことはありません。

かまどで御飯をたきました。ですが、おかずが何もありません。この度も、いろんなもので一荷物となって、食料を加えることは出来ませんでした。明日にも、山降りて買出ししようと、その時は確かに心に決めていたのですけれど、山に来たとたん、いやになって、そのうち、そのうちなどと何とか先に伸ばすつもりです。貯えてあるヒジキを煮つけました。かなりうまく炊けたと思うのですけれど、膳の上のわびしさに、気持は前向かず、呑み込むに後押しが必要です。でも、これも当初ばかりで、たいてい二日もたてばあきらめて、何でも食べる欲が出てくるのです。

味噌がたまらなく欲しく思います。持った知恵を全部集めて味噌らしきもの都合することは出来ないか。缶に入れてある大豆の姿思い浮べます。でも、これも直ぐに味噌になる筈でもありません。一つだけ買って来た納豆のわずかを椀にとり、しょうゆをさして湯を注ぎました。これはなかなかいけます。充分に味噌汁の飢えを満たしてくれました。変化を求めて、味つけは塩やら、塩昆布やらにしました。しかし、その納豆も今はなくなり、梅干に湯を注いで飲んでいます。

そんなんだったら買物に行けばいいと思うのです。登山路のようなその歩きをいやがっているのではありません。むしろ、運動にもいいことだと思っています。ただ、どういう訳か、この自然の中から出て行きたくなくなるのです。いうなれば怠け者なのでありましょう。

今日は、光の波が体にしぶけるばかりの晴れ上がり方です。秩父の山いっぱいに布団を干しましょう。奥の部屋にベッドがあります。これがまた、馬鹿でかくて、枠だけにしたら、その中で、山羊の二、三匹は飼えようという代物なのです。粗く皮むいた杉の丸太で出来ていて、それに孟宗竹を二つ割りにしたのを桟に並べてあります。この竹が、みんな粉状の茶色のカビで覆われていました。今年の夏は雨が続いたせいもありましょうし、伐って来て生のまま直ぐに使ってしまったので、また、竹を選ばず一年竹も何も構わず切って、しかも、干せずに生のままから使ったのでしたから、当初からもどうもカビ吹きたくっていたのです。時間が出来たら、二、三年たった竹を伐って、そして充分乾燥して敷き直しましょう。

このベッドは、ここの若い家主が山仕事に来た折に、たった二時間ばかりのうちにこしらえてくれたのでした。この人は大変器用で（私がそういいますと、以前は、たいていのものは自分たちでこしらえたのだといいました）、腰にさした鉈《なた》と小形の鋸《のこぎり》ばかりで、たちまち仕上げたのです。杉が割れ易いと知ったのもこの時です。割ろうとする線に鉈をくい入らせたら、あとは、丸太棒でもって叩いていきます。そう深くもいく前にぱっかり素直に割れるのです。

私は、これに見とれながら、登呂遺跡の遺構に埋まりあったという何千枚とかの杉板のことに思いいたしたりしたのでした。私の読んだ本の著者は、古代に、どうしてあのような製材技術を持ったのだろうと不思議がっているのでしたが、きっと、この人のように、割ったのだった。それだから、他の堅木などでなく、割れ易い杉や、それから松が使われたのだったろうと思います。

友人が尋ねて来ました。東京では声だけ聞いて、顔見ずに来たものですから、食料の差し入れかたがた逢いに来てくれたようです（よかった。これでまたしばらく買物に降りずにすむ）。

彼女は勤め人ですから、私は、

「今日は日曜だった？」

と聞きました。けれども、聞いてから、さっき郵便屋さんが来たのだから日曜の筈はないと、あわててとりつくろい、

「ああ、土曜日か」

といい直しました。が友だちは、直ちにこちらのぼけ振りを見抜いて、あきれた顔をしながら、

「今日は月曜日よ」

といいます。憲法記念日で休日なのでした。

木曜日に帰って来たのでしたから、わずか数日のうちに、もうこれだけの誤差です。今に、今日は日曜に違いないがハテ、二週目のそれなのか、それとも三週目のか、それが問題だ、などとなりましょう。祖先《おや》たちのやってきたことだと思えば、山の暮らしも苦労ではありません。原始人の真似もたいてい

は出来ます。けれども、日を読むことだけはまるっきり駄目です。いつも、よくぞ昔の人は、正月も、盆も、節句も、毎月一日、一五日に、月ごとのまつりも、日を逃さずにつとめたものと感服します。私が彼等より、それほど劣っているとは思いません。ただ、あの人たちは強力な虎の巻を抱えていたのだ、それに違いないと思うのです。

そしてその虎の巻とは、夜毎の「月」だったのでありましょう。

## 山暮らし

今年の冬は断然いろりで過ごそう、そう思い定めました。

北海道と、東北をまわる四か月の旅から帰って、いろりに大火をたいています。湿気った家だって、よほどあたらした方がいいのです。

焚物はいくらだってあるのです。まわりは杉林で、枝打ちしたのが好きなだけ拾えますし、雪で倒れて、それなりになったのもあります。たきつけの杉葉も、拾ってこなければと思ううち、強風が吹けば、風が庭まで運んでくれます。

この部落はもと一二軒あったそうですが、暮らしが不便なのでみんな出ていってしまいました。車の入らない、登山路のような急な登り坂を四〇分ぐらい歩く、そんなところがもっとも心の負担となったものでしょうか。私は、その後に逆流してきて、八年前から空屋一軒借りて住みついています。一人の住人では、焚きたてられません。

この度も、たった一軒だけ、つい、三、四年前まで残った家のところに行きましたら、前の畑の桑がすっかり伐られて、倒し積んでありました。これも当分燃す分になりそうです。また、斜め上にある家の土手の桑も、太い幹したまま二本とも枯れて、これも引きずって来ました。この家の庭には私が来た頃、立派なツゲの大樹があったものです。それが、しばらくして枯れました。

「家に人がいなくなるつうとはあ、庭木まで枯れるんな。五〇万出しても買いてえつう人がいたっけんだが、手放すのが惜しくって売らんかったんさ」

家人が話しておりました。

ここらは養蚕の盛んなところで、一軒残った家でも扱っていましたし、おばあさんが年取ってやめてからも、下の部落から桑もらいに来ていたものでした。

今、雉子が鳴きました。帰ってはじめて聞く声です。これも少なくなりました。二、三年前までは、庭先を恐れ気もなく歩きましたし、夜間、いささかの地震でもあると、そのあとに決まってケーン、ケーンなきました。一二月に入ったら毎晩鳴く狐も、まだしかとは聞きません。猪さえ、姿見せぬのか、鼻づらで掘り漁った跡がみ当りません。村を離れる人たちが植えていった杉が、今は恐れるものなく空につきのぼり、太陽さえ奪って、これらの食べ物も年々減るせいではないかと思います。

しかし、これに見合って鉄砲撃ちの姿も少なくなったのには、欣喜雀躍というところです。静かな山の中での鉄砲は大砲ほどにも聞えて飛び上がりますし、こちらは素手なのに、あちらは飛び道具で不公平ではないですか。せめて、パチンコとか弓ぐらいなら許せるような気がします。

帰る前、東京に寄ったら、織りの勉強のためしばらくポーランドに行っていた友人が、彼の地で母親代りのように世話してくれた婦人が形見に残した毛皮のチョッキを、山は寒かろうと持たしました。茶色の可愛い色の羊の皮を細かくはぎ合わして作ったものです。その後友人があわてて手紙をよこしました。

「毛皮のちょっきを来て山歩きをしてはいけません。熊撃ちに狙われますから」

いろりに火を燃しても、この部屋は不思議に寒いのです。

見わたしたところ、ほぼ八帖間ぐらいのところ、半分が土間になり、隅に土のかまどがあり、炊事場があり、一方は板の間で、土間に火尻を接していろりがあります。母屋にあとから継ぎ足したらしく、このあたりの農家には珍しく、ガラス窓があり、ガラス戸があり、明るく機能的に出来ているのですけれど、どういうわけか、やたらと透間があります。

母屋との継ぎの部分や、屋根がのっかっている、合わさりのところは、ぐるりと手二つ並べて入るほどずつの間があいていますし、ガラス窓は寸法が合わないので二枚打ち合わさって、ぴったりしまることがないし、裏側などは、湿気のため崩れかけて、のぞき眼鏡のように透ごとに違った景色が見られます。たまに山雀《やまがら》や頰白《ほおじろ》が入って来て、蛋白質に飢えている住人を喜ばせますが、彼等は少しも動ぜず、かまどの裏などに消えたと思うと、見事家の外に抜けているのです。

彼等よりは、草こそ、なお多くの径を知っております。これ等はいたるところの透間、台所側といわず、縁の下といわず、かまどの後ろといわず、屋根上といわず、あらゆるところから家なかに侵入して来ます。旅から帰るのが夏だったりしたら、私は、まず家の中の草刈りをするのです。一度、秋に帰ったら、表側のガラス窓の打ち合わせから入った山芋のつるが、中で茂ってムカゴをいっぱいつけていました。ちょうど腹も空いていたので、これを食べて、満腹してから掃除にかかったものでした。

でも、これらたくましい者共さえ、今年は勢いがないようなのです。この家も、半分はもう陽が当らなくなりました。空かくす杉の黒さが、家の前まで迫って来たのです。

ここに来た当時、杉はまだ、こちらの胸ぐらいまででした。その間に蕎麦や、馬鈴薯や、とうもろこしを作ったりしました。よほど大きくなって畑はやめてからも、家は陽当りのよい丘の地形で、けちで、なまけ者の私は、冬の暖房は、べったり太陽に頼っていました。

朝早く、庭の桃の木の下にいちばんに陽がさします。そこにゴザを敷いて朝食をします。太陽が移って、昼食は縁側になります。その間、やはりゴザの上で、頭には陽除けの帽子をかぶって仕事をしたものでした。生き物に太陽は何と力増させるものでしょうか。都会の日照権の問題が切実に思われて来ます。

こちらも、体がもっと不満をいってきましたら、雉子《きじ》や猪や、狐のしんがりについて、どこか陽当りのいい住み家を捜しに行きましょう。

# あとがき

昭和五二（一九七七）年二月には、私は奄美にいました。これは『南島紀行』に載せた同じ旅の一部です。「二　奥多摩」のすべての項、「三　十津川紀行」のすべての項、「四　各地の旅から」の「宝引」は書き下ろし。「五　秩父だより」の「仕事を止める」と「山に入る」は昭和六〇年頃に書いたもの。「秩父の茶作り」と「年齢」、「猪ととうもろこし」、「みみず」は書き下ろしです。

例によって、私にこの話を聞かせてくれた皆様、宿を与えて右の便宜を与えてくれた皆様には、深くお礼を申し上げます。

論創社の松永裕衣子さんには、いろいろとお世話をおかけしておりますが、今後ともよろしくお願いいたします。

平成二五年九月九日

斎藤　たま

# 〝歩く人〟の秘密

紀行家、習俗・生活習慣収集家
＝斎藤たまさんの研究スタイル

〔取材・聞き手〕今野　哲男

## からだが習い覚えた正真正銘の想像力

『野にあそぶ／自然の中の子供』という本がある。一九七四（昭和四九）年に平凡社から初版が刊行され、一昨年に、平凡社ライブラリーの一冊として、四半世紀ぶりの復活を果たした名作だ。

内容は、昭和四〇年代の日本にまだ色濃く残っていた、豊かな自然環境の中での子供たちの遊びの数々を、主にお年寄りに対する丹念な聞き書きによって、収集・記録したもの。〝植物との遊び〟、〝動物との遊び〟、〝野外の遊び〟の三部構成から成る、民俗資料としても、価値の高い本である。

しかし、この本の本当の魅力は、単純な資料価値というよりは、むしろ作品全体を支えている確かな文学性にあるのだ。

柳田國男の本がそうだが、民俗学の優れた文献には、ときに学問上の堅苦しさとは遠く離れた、奔放な想像力が躍動していて驚かされることがある。

民間伝承の収集を通じて、人々の生活や風習の発生と変遷を明らかにしようというのが民俗学の目的なのだから、そこに現われた想像力は〝人の生活〟に対する根本的な愛情に由来するといっていい。『野にあそぶ』に流れているものも、まさにそういった意味での、人に対する愛情の深さ、生活に対する愛惜の念なのである。

例えば〝植物との遊び〟の冒頭に置かれた一文は、こうだ。

〈……畑で遊んだ帰りには、笹の香りの中で巻き葉で作った笛を鳴らして帰るかもしれない。一緒に連れて歩いている弟や妹は兄たちの鳴らすよい音の出る笛を欲しがるが、これは幼い子にはまだ鳴らすのが難しいのである。しかし、上の子たちは根気よく鳴らすコツを教え、楽に鳴るような笛ができた時にはそれをくれてやる。鳴らないとむずかった子供たちも、その次の年にはきっとよい笛の吹き手になっているに違いない〉（傍点筆者）

単行本ではほんの数行という短い文章なのだが、五感すべてに及ぶ柔らかな想像力と、過去の経験に基づく確かな観察眼、そして伝承が持つ力に対する明るい洞察とが、ふんだんにつめ込まれている印象がある。

〈……かもしれない〉という何気ない想像や、〈……くれてやる〉という自信のある断定、そして〈……に違いない〉という願いの間から、子供の生活に対する愛惜の念が、実は無言のまま読者に伝わってくるような気がするのだ。

## 〝都市〟が、三〇年来、見過ごしてきたこと

『野にあそぶ』の著者である斎藤たまさんは、山形県の農家の出だ。地元の夜間高校を卒業後、一九五八（昭和三三）年に単身上京し受験、美術大学に合格する。

しかし、現金収入が少なかった当時の実家の経済事情に配慮して、進学せずに、そのまま東京にある大書店に就職。

その後、書店員として一三年に及ぶＯＬ生活を過ごし、一九七一（昭和四六）年、思い定めて職を辞す。

以来、埼玉県・秩父山中の廃屋に居を求めて独居生活を続けながら、生活の半分は全国を訪ね歩く旅に当て、残りの半分は秩父に戻って執筆活動に費やすという生活をしてきた。

処女作の『野にあそぶ』のほかにも、旅を通して足で書き綴った多くの名著がある。作品を通じて彼女を知る人たちの間では、その反時代的な生活振りとあいまって、ほとんど伝説化している人物なのである。

――ハガキで取材の了解をいただくまで、うかつながら、まだ廃屋生活を続けていらっしゃるとばかり思っていました。実は、電話をお持ちだということも知らなかったんです。

「そうですか。その電話をいただいたときに、私、予定はなしにして、当日の朝の電話で決めてもらえないかと申しあげましたよね。変な女だと思われたでしょうが、なぜそんなことをいうか、分かりましたか？」

武甲山を仰ぐ新たな“隠れ家”の前で。

——天気のご心配ですか、山歩きに雨の日は困るという。

「違うんです」

——じゃ、何だろう……。その日その日の気分ですか？

「そう。私、子供と同じで、何かがある前の晩は、いろいろ考えてしまって、眠れなくなるんです。だから、ことがある当日には、最悪の状態のことが多いんですよ」

——では、昨日もあまり寝ていらっしゃらないのでは？

「はい（笑）」

そういえば、電話で男の方が出てこられました。

「主人です。昨日、確かめてみましたが、結婚してからもう、一九年になります」

——ヒエーッ、それも知らなかった。

失礼な話だ。たまさんは、今年で六六歳。三〇年前と同じ状態でいるなんて、考えるほうがよほどおかしい。

しかし、古びることのないあまりに強烈な印象を持った著作のせいか、当方には、刊行間もない書物の著者に会うような、奇妙な錯覚があったのも事実だ。伝説化された人物だなどと書いておきながら、書いた自分が、その伝説に一番侵されていたというわけである。

しかし、たまさんは、そんな失礼は意に介さず、話をしてくれる。

昼時の来訪者の腹具合を思いやり、「ごはんを炊きましょう」と何度も気遣いながら、隠居して毎日碁会所に通っている優しいご主人の話、一〇年ほど一緒にいて二年前に亡くなった可愛い飼い犬の話、カードになってはいるが、まだ原稿に起こさずにいる気がかりな収集資料の話と、取材は極々順調に進んだのである。

柔らかな明るさを持った陽射しと風が、気持ちよく届く居間――。手作りの紅茶を何度かお代わりしながら、たまさんの話を聞いていた当方の耳に、ふと幻聴のように聞こえたのは、辺りの爽快さと相反する、こんな不思議な思いだった。

この三〇年間、Uターン禁止の都市化に追われたこの国では、自然の声を聞く力を持った人を社会の表面から次々に追いやってきた。自分の中でたまさんが年をとらなかったのは、取材者としての怠慢ということもあるが、むしろそのせいが大きいのではないだろうか……。

つまり、たまさんが年をとらなかったのではない。我々が、年をとるたまさんを、見ないままに時間が過ぎたのだ。

## 〝怖さ〟と〝美しさ〟、〝もののけ〟と〝人間〟

たまさんは、今は秩父の町中で、ご主人と猫一匹とともに、ゆったりとした毎日を送る。

二年前に頭部に動脈瘤が見つかって手術をしたため、長旅こそできないというが、若いころに書きためた膨大なメモを頼りに、その日その日の体調と相談しながら、気が向けばコツコツと原稿に起こす生活だそうだ。

——それにしても、山奥の独居生活なんて、よくぞ思い切ったものですね。

「聞き書きするために、どんどん山奥に入っていくでしょう。すると、廃屋が並んだ場所があったわけですね。

人が出ていってから四年経ったとかで、最後に、お婆さんとお嫁さんがいる家が一軒だけ残っていた。そのお婆さんは、〝寂しくて、泣けちゃったんさあ〟とよくいっていて、そのうち出ていってしまった。私はそうじゃなくて、こんな無人のところがあるなんてと、とてもうれしかったんです」

でも、最初はさすがに怖かったという。

「夜になると、家中がわけもなく音を立てる。前と後がお墓ですから、夜になると死んだ人たちがやって来る。

でも、死人は喋らないからいい。怖いのは生きた人間です。

全然知らない土地に入ったせいで、下の部落から男が悪さをしにきそうで、漆黒の闇の中に、あり得ない足音ばかり聞きました」

一人身の恐怖は、やがて高じて不整脈を引き起こした。からだを壊すようじゃ仕方ないと、ある晩、独居を諦めかけたそうだ。

「でも、次の朝がいいんです。

鳥のさえずりが引っ切りなしに聞こえて空気が青く染まり、夜露のかかった草や木が、朝日で全部違った色に光るんですね。

　そこで二つを天秤にかけて、これだったら命が少々短くなっても、私はここの生活をとると決めた。

　以来、落ち着きましたね。村を少し知ってみると、下の部落に危険な男なんかいないことも分かりました。ともかくお年寄りばかりで、夜、山を登って夜這いにくる元気のある人なんて、一人もいなかった（笑）」

　そう語るたまさんの口振りは、まるで、昨日のことを話すように新しい。

　その新しさに感嘆しながら、当方は、著書の題名にもある〝もののけ〟という昔の言葉を思い出し、その言葉に込められた、豊かな生活感情に思い当たる。

　中身をいちいち紹介できないのが残念だが、取材時間はたちまちにして過ぎ、話がひと区切りしたところで、たまさんは歩いて三〇分ほどのところにある、実は新たに借りた廃屋に案内してくれた。賃貸料が月に三千円、碁会所が休みの日には、ご主人と二人で連れだって通い、一緒に畑をいじるのだという。

　行き来の道を歩きながら、たまさんは、かつての取材旅行時代の思い出を、問わず語りにたくさん追加してくれた。

　手術後は視界が狭く、辺りを見るのに、からだごと動かさないといけないという。しかし、その歩く姿はどうしてどうして、山から降りてくる風小僧のように、爽やかで軽やかなものだった。

初出　月刊『寿』二〇〇二年八月号
（ドラッグマガジン）

# 初出・執筆時期

一　鹿児島・奄美諸島　一九七七年二月一二日
二　紀伊半島・十津川紀行　一九八五年三月二日
三　奥多摩の話者とお話　一九八四年二月六日
四　各地の旅から
　宝引　一九七三年九月五日
　箆津　桂養寺　一九八三年
　正月にヒョウを食べること　「山形新聞」一九九〇年一二月二七日
　針うち・えんず——お正月の子供遊び　弘隆社「彷書月刊」一九八九年一月号
　杉田徹さんの豚　山形「くるくるしんぶん」一九九三年一〇月一三日
　各地の茶作り　不明
五　秩父だより——自分がたり
　仕事をやめる　一九八五年頃
　山に入る　一九八五年頃
　秩父の茶作り　一九八三年
　年齢　一九七四年頃
　猪ともろこし　一九八四年
　みみず　一九八四年
　山の食べ物　一九九三年
　秩父の山から　一九八〇年
　山暮らし　一九八〇年

斎藤 たま（さいとう・たま）
1936年、山形県東村山郡山辺町に生まれる。高校卒業後、東京の書店で働く。
1971年より民俗収集の旅に入る。2017年1月没。
著書に『野にあそぶ』（平凡社）、『南島紀行』『あやとり、いととり』（共に福音館書店）、『生とものの け』『死とものの け』『行事とものの け』『ことばの旅』『秩父浦山ぐらし』（いずれも新宿書房）、『村山のことば』（東北出版企画）、『落し紙以前』『まよけの民俗誌』『箸の民俗誌』『賽銭の民俗誌』『わらの民俗誌』『便所の民俗誌』『野山の食堂』『暮らしのなかの植物』（いずれも論創社）ほか。

《編集部からのお知らせ》

2017年1月26日、斎藤たまさんが永眠されました。2000年に発病、2013年秋の再入院後も本書のため熱心に手を入れ続けられましたが、大きな手術を経て身体の自由を失われたのち、校正作業は中断を余儀なくされました。その後編集部ではご遺族の協力を得て、遺された原稿やメモ、手紙、取材ノート等を参照しつつ、手探りで遺著3冊の編集作業を続けてきました。このたび、ようやく第1冊目が刊行の運びとなりました。

ここに心より斎藤たまさんのご冥福をお祈りいたします。

旅から——全国聞き歩き民俗誌

2022年11月1日　初版第1刷印刷
2022年11月10日　初版第1刷発行

著　者　斎藤　たま
発行者　森下　紀夫
発行所　論　創　社
東京都千代田区神田神保町 2-23　北井ビル
tel. 03（3264）5254　fax. 03（3264）5232
http://www.ronso.co.jp/
振替口座 00160-1-155266

装　幀　中野浩輝
印刷・製本　中央精版印刷

ISBN978-4-8460-1595-4　C0039　Printed in Japan

## 論創社◉斎藤たまの本

# わらの民俗誌

古来、その自然のぬくもりで私たちの暮らしを温かくつつんできた、わら。布団、畳床、蓑、わらじ、ぞうり、いづめ、むしろなど、さまざまなわらのある暮らしをたずね歩く。

**四六判上製・208頁・本体2200円**

# 賽銭の民俗誌

銭の前は米だった。米の前には石だった……。日本人は、なぜ賽銭を放り投げるのか。人々は賽銭にどんな思いをこめたのか。賽銭にまつわるあれこれを日本各地にたずね歩く。

**四六判上製・240頁・本体2300円**

# 落し紙以前

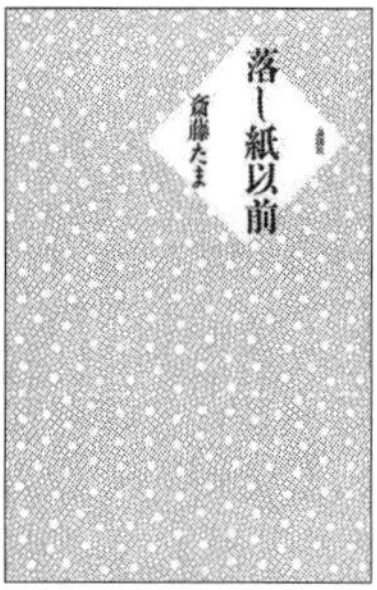


紙の前は何で拭いていたのか？　葉っぱ、藻、とうもろこし皮、木ヘラ竹ヘラ、藁、それから縄？　紙が広まるまで、日本人が何を使っていたかを調べた便所にまつわる民俗誌。

**四六判上製・280頁・本体1800円**

# 便所の民俗誌

便所の名前を「はばかり」というわけ。便所で転ぶと長生きしない？　女の立小便の形とは？　各地に残る、便所にまつわる愉快でふしぎな風習を拾い集める。

**四六判上製・240頁・本体2300円**

全国の書店で注文することができます

## 論創社◉斎藤たまの本

### 野山の食堂──子どもの採集生活

草の芽、茎、花、根、果実、木の実…かつて子どもたちにとって、そのどれもが自然のご馳走だった。野山の食と遊びにまつわる風習を、歌やスケッチとともに収める。

**四六判上製・312頁・本体2600円**

### 暮らしのなかの植物

人々の暮らしが自然とともにあった頃、大人たちは生きるために植物をとことん利用し、草花はいつも子どもたちの遊び相手だった。日本人の生活と植物の関わりをたずねる。

**四六判上製・320頁・本体3000円**

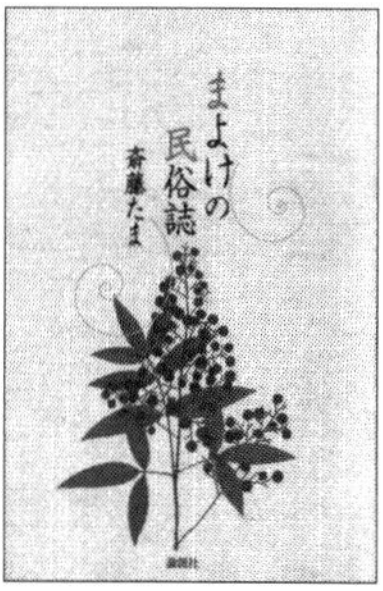


### まよけの民俗誌

赤い唐辛子、臭いニンニク、棘のあるヒイラギ……北海道・二風谷のテッコッペから沖縄・石垣島のヤドブレまで、今に伝わる各地のまよけの風習を丹念に拾い集めた貴重な記録。

**四六判上製・288頁・本体2500円**

### 箸の民俗誌

日本人の食卓に欠かせない箸。各地に見られる、病よけ・まよけになるといわれる桑や南天の箸から、香り高いクロモジの箸、九州の正月箸・栗箸など、さまざまな箸の由来をたずねる。

**四六判上製・232頁・本体2300円**

全国の書店で注文することができます